EXERCICES

ORTHOGRAPHIQUES.

EXERCICES FRANÇAIS.

EXERCICES FRANÇAIS,

A L'USAGE DES

MAISONS DE LA SAINTE-UNION.

CAMBRAI,

IMPRIMERIE DE H. CARION, RUE DE NOYON, 11.

1854.

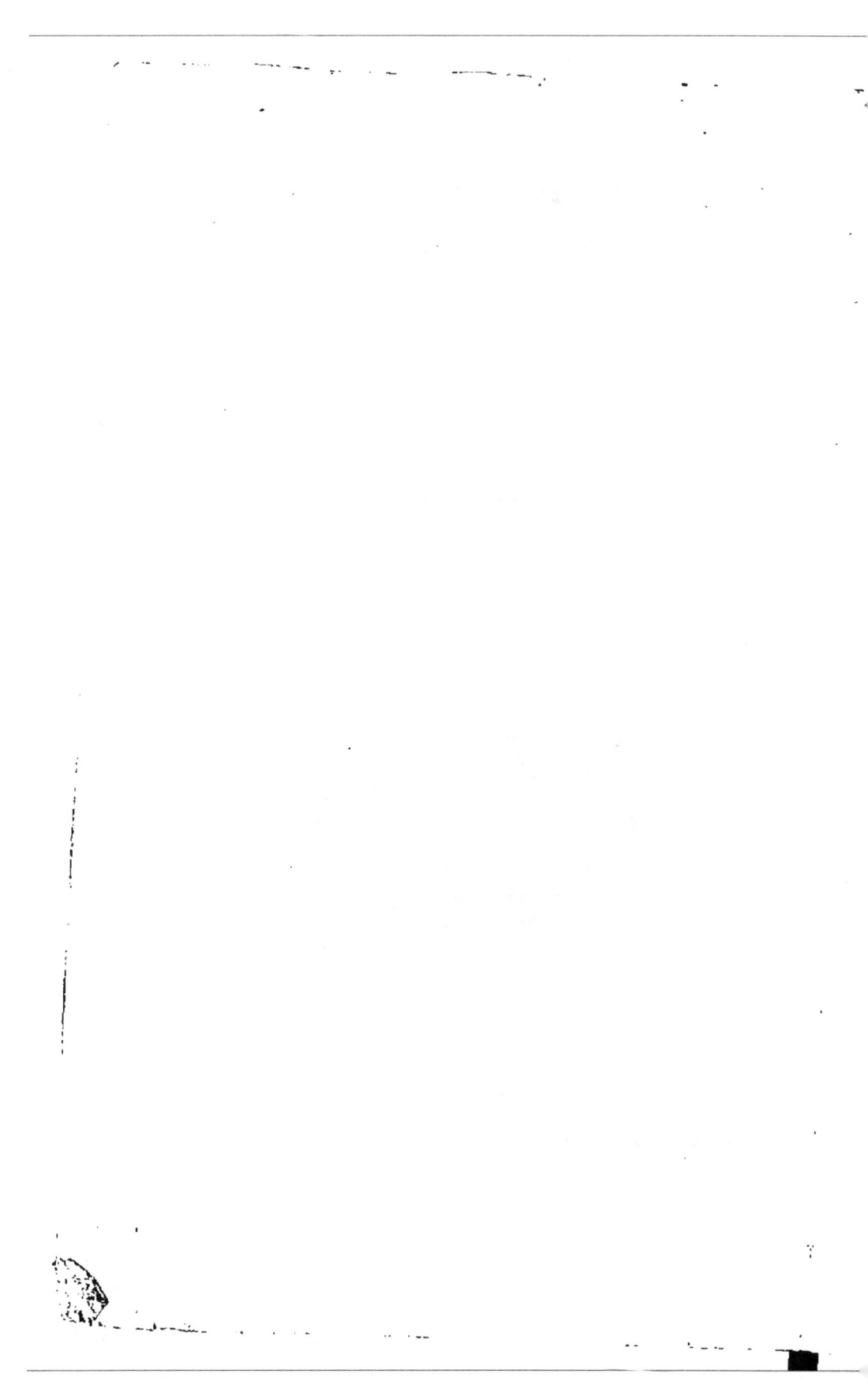

UNE PETITE ANECDOTE

POUR SERVIR DE PRÉFACE AUX OUVRAGES
ÉLÉMENTAIRES,

A l'usage des Élèves des Maisons de la Sainte-Union.

———

Un jour, un prédicateur très-célèbre consentit à prêcher dans un pauvre village. On
avait annoncé aux paysans que le prédicateur du roi venait leur faire un sermon ;
tous s'empressèrent d'accourir à l'église. Un
d'eux surtout, qui passait pour le savant du
village, y vint avec une grande curiosité ; il
voulait juger si la réputation de l'illustre
orateur était bien méritée. Cet homme éloquent, qui était un saint prêtre, bien loin
de chercher à faire briller son talent, ne
songea qu'à se mettre à la portée de ses auditeurs, pour les instruire utilement. Au
sortir de l'église : « *Quoi!* s'écria d'un ton de
mépris le savant du village, *quoi! c'est là ce
fameux prédicateur?.... J'ai compris tout ce
qu'il a dit!....* »

Ce paysan croyait, par ces paroles, ra-
baisser beaucoup l'idée qu'on avait du talent
de cet orateur ; le bon homme ignorait que

la première science est de se faire comprendre de ses auditeurs.

Nous cherchons à suivre l'exemple de ce grand prédicateur. Nous parlons à des enfants ; tous nos efforts tendent à nous mettre à leur portée. Puisse chaque enfant qui étudiera nos petits ouvrages, s'écrier aussi : *Je comprends tout ce qu'il y a dans ce livre !* » c'est le seul éloge que nous ambitionnions.

Peut-être trouverons-nous des lecteurs qui auront pitié de la simplicité de notre style et de la familiarité de nos expressions ; mais pour les critiques de cette nature nous sommes loin de les repousser : toute notre crainte, c'est de n'avoir pas été encore assez simples.

Quant aux personnes qui se serviront de nos livres élémentaires pour l'enseignement, nous devons leur faire observer que, malgré leur grande simplicité, ces petits ouvrages doivent néanmoins être expliqués aux enfants, et qu'il est impossible de bien donner ces explications, si l'on n'a fait soi-même une étude sérieuse des matières qui y sont traitées.

EXERCICES FRANÇAIS.

Première Partie.

I.

Voyez le numéro 4 de la grammaire et dites ensuite quels sont les E muets, les E fermés et les E ouverts qui se trouvent dans les mots suivants :

Je. — Manne. — Chaise. — Que. — Pupitre. — Café. — Encrier (1). — Table. — Bonté. — Sévère — Austère. — Mener. — Fenêtre. — Apôtre. — Fidèle. — Chanter. — Vous écrivez. — Solennelle. — Michel. — Terre — Frère. — Clochette. — Règle. — Vérité. — Aimable — Ecrire. — Se. — Ses. — Fraise. — Taie. — Théière. — Thé. — Plaie. — Accès — Succès. — Fête. — Dureté. — Tête. — Père. — Aménité. — Charité. — Tempête. — Agile. — Habileté. Habile. — Sensible. — Sensibilité. — Discret. — Discrète. — Discrétion. — Fer. — Argile. — Cuisine. — Nouer.

II.

Voyez les numéros 13, 14 et 15 de la grammaire et distinguez ensuite les noms communs d'avec les noms propres, en mettant n. c. après les noms communs, et n. p. après les noms propres : exemples : Dieu, n. p. — Père, n. c.

Dieu. — Père. — Mère. — Maître. — Enfant. —

---

(1) Le premier *e* du mot encrier ne compte pas, parce qu'il se prononce comme un *a*. Il en est de même du premier *e* du mot tempête et du premier *e* de solennelle.

Paul. — Ciel. — Sœur. — Roi. — Prince. —Europe.
Louis. — Papier. — Crayon. — Leçon. — France.
— Lille. — Corps. — Cor. — Auguste. —Religieux.
— Chambre. — Verre. — Ver. — Verdun. — Oncle.
— Prince.—Asie.—Vieillard.—Belgique.—Nœud.—
Paris.—Bruxelles.—Bouteille.—Fénelon.—Oisiveté.
— Cheval. —Devoir. — Château. — Vienne. — Avo-
cat. — Français. — Souffrance. — Apôtre. — Jean.
— Vérité. — Agneau.— Trou. — Versailles.—Mou-
lin. — Thérèse. — Marie. — Province. — Angle-
terre. — Italie. — Jésus-Christ. — Eglise. — Pas-
teur. — Troupeau. — Dagobert. — Bonheur. —
Lion. — Orthographe. — Charlemagne. — Ponctua-
tion. — Clovis. — Eternité. — Espagne.— Tableau.
— Jérusalem. — Jardin. — Golgotha. — Danger.—
Paradis. — Toulouse. — Parole. — Tobie. — Ecba-
tane. — Lettre. — Narration. — Anne.— Ange.

III.

*Mettez une majuscule aux noms propres que
vous trouverez dans l'exercice suivant :*

plume. — océanie. — encre. — voûte. — pauline. — clef. — machine. — pénitence. — corinne.
— conduite. — application. — absalon. — benjamin. — carreau. — adam. — sergent. — siméon. —
sophie. — alcuin. — canal. — louise. — politesse.
— conscience. — samuël. — daniel. — repas. —
charlemagne. — clovis. — clotilde. — commerce.
— alfred. — dictionnaire. — bathilde. — radegonde. — dictée. — analyse. — vêtement. — haillon. — visage. — hanneton. — voyage. — église.
— afrique. — histoire. — broderie. — foudre. —
connaissance. — arménie. — écriture. — ananas.
— artichaut. — cyprès. — égypte. — tournay. —
cambrai. — doigt. — dimanche. — samedi. — bos-

suet. — bretagne. — thomas. — froid. — hiver. —
mercredi. — année. — semaine. — crésus. —
alix.

IV.

Mettez les lettres n. c. *après les noms communs,
et* n. p. *après les noms propres ; de plus ajoutez* m
quand le nom sera masculin, et f *quand le nom sera
féminin. Ainsi dites, par exemple :* Dieu, n. p. m.
— Père, n. c. m. — Marie, n. p. f. — Mère, n. c. f.
(*Voyez le numéro* 17 *de la grammaire.*)

Dieu.—Père.—Marie.—Mère.—Village.—Retour.
—Amusement. — Eve.—Patience.—Fléau.—Soleil.
— Année. — Turenne. — Passage. — Espagne. —
Pays. — Pomme. — Caïn. — Noémi. — Ruth. —
Booz. — Arbre. — Ignorance. — Feuille. — Cahier,
— Honte. — Air. — Mémoire. — Instrument. —
Philippe. — Macédoine. — Guerrier. — Jeanne. —
Ami. — Prière. — Ferveur. — Clou. — Canif. —
Banc. — Feu. — Parterre. — Pelouse. — Rheims.
— Echelle. — Sanglier. — Putois. — Manchon. —
Manchette. — Peuplier. — Ruisseau. — Champ. —
Chant.—Puits.—Etang.—Rivière.—Seine.—Rhône.
— Loire. — Escaut.

V.

MÊME EXERCICE.

Procession. — Piété. — Adoration. — Arras. —
Douai. — Flandre. — Chrétien. —Flamand — Pro-
testant. — Impie. — Damnation. — Salut. — Nor-
mandie. —Nabuchodonosor. — Peine. — Durée. —
Judith. — Holopherne. —Pensée. — Rue. — Place.
— Glace. — Miroir. — Sable. — Désert. — Arabie.
— Trompette. — Boucher. — Teinturier. — Tapis-

1*

sier. —Noisetier.— Noisette. —Ernest. —Gayant.—
Forêt. — Germanie. — Gaule. — Rome. — Romu-
lus. — Tortue. — Lièvre. — Bible. — Evangile. —
Foi. — Foie. — Confession. —Supplice. —Tarquin.
— Radegonde. —Fidélité. — Repentir. — Fierté —
Euphrate. — Sidon. — Ornement.— Tyr. —Esprit.
— Aaron. —Séphora. — Ephraïm. —Ceinture.

VI.

*Distinguez les noms singuliers d'avec les noms
pluriels en mettant simplement s après le nom
quand ce nom sera au singulier, en mettant pl.
quand le nom sera au pluriel. Par exemple, vous
écrirez: Un homme s. —Des branches pl. (Grammaire, numéro 18).*

Un homme. — Un livre. — Des branches. — Des
pierres. — Un caillou. — Des manteaux. — Des
montagnes. — Une plume. — Un mensonge. — Des
cahiers. — Deshistoires. — Uneplaine. — Un volcan.
— Un bâton. — Des chaises — Des racines. — Des
cerfs. — Un cheval. — Un épi. — Une main. — Des
bonnets. — Des brosses. — Des portraits. — Un
sou. — Un sablier. — Une allumette. —Des abeilles.
— Un chapeau. — Un sapin. — Des vallées. — Un
roi. — Une reine. — Des étoiles.

VII.

MÊME EXERCICE.

Une journée. — Des fruits. — Un poirier. — Des
figues. — Des cerises. — Un chien. — Un chat. —
Des rats. — Des pruniers. — Un rêve. —Des songes.
— Un couvercle. — Des draps. — Un habit. —Une

robe. — Un service. — Des fourchettes. — Une cuillère. — Des plats. — Un oignon. — Une cave. —
Des armoires. — Une lecture. — Des parents. — Un
enfant. — Une marmite. — Des chaudrons. — Un
franc. — Un notaire. — Des villes. — Des saints.

VIII.

*Mettez au pluriel les noms suivants et dites
si ces noms sont masculins ou féminins. Ainsi
écrivez vertus avec un s parce qu'on demande le
pluriel de ce nom et mettez un f après pour signifier
que ce nom vertus est du féminin.*

(19 et 20.)—Vertu. — Conseil. —Filleul. — Nièce.
— Carte. — Enfant. — Dent. — Serviette. — Herbe.
— Larme. — Promenade — Cloche. — Chose. —
Loup. — Cuillère. — Soulier. — Roi. — Défaut. —
Médecin. —Chirurgien. — Mur. — Crayon. —Bras.
— Noix. — Voix. — Succès. — Puits. — Choix. —
Croix. — Discours. — Secours. — Bois. — Frimas.
— Procès. — Poids. — Coutelas. — Logis. — Ma-
rais. — Carquois. — Brebis. — Tapis. — Souris. —
Lambris. — Prix. — Nez. — Rubis. — Trou. —
Cou. — Fou. — Sou.

IX.

MÊME EXERCICE.

(21 , 22 et 23.)— Gâteau. — Corbeau. — Manteau. — Moineau. — Seau. — Vaisseau. — Flambeau. — Carreau. — Tombeau. — Anneau. — Couteau. — Tableau. — Ciseau. — Bateau. — Tyuau.
— Peau. — Bureau. — Vœu. — Neveu. — Jeu. —
Cheveu. — Aveu. — Lieu. — Désaveu. — Essieu.

— Adieu. — Général. — Mal. — Hôpital. — Canal.
— Cheval. — Confessionnal. — Cristal. — Arsenal.
— Métal. — Tribunal. — Animal. — Local. — Tableau.
— Flambleau. — Ormeau.

X.

*Mettez tous les noms au singulier et dites si ces
noms sont masculins ou féminins. Par exemple,
pour le substantif* Canifs, *qui est ici écrit au pluriel,
vous l'écrirez sans* s *, parce que c'est le singulier
qu'on demande :* Canif, *et vous mettrez* m *après,
parce qu'on dit un canif et que ce nom est par conséquent du masculin.*

(19 , 20 , 21 , 22 et 23.) — Canifs. — Princes. —
Bancs. — Chaises. — Sœurs. — Ennemis. — Esprits.
— Armées. — Moitiés. — Tiroirs. — Abcès. — Pro-
cès. — Mois. — Croix. — Cheveux. — Berceaux. —
Taureaux. — Perdreaux. — Clous. — Trous. —
Lieux. — Pieux. — Vassaux. — Journaux. — Pin-
ceaux. — Caveaux. — Signaux. — Vaisseaux.

RÉCAPITULATION DES EXERCICES SUR LE NOM.

XI.

*Indiquez si les substantifs sont des noms com-
muns ou des noms propres , s'ils sont masculins ou
féminins , s'ils sont employés au singulier ou au
pluriel. Exemple :* Dieu, n. pr. m. s. — Mères, n. c.
f. pl. — *En outre vous mettrez au pluriel tous les
noms qui sont au singulier, et au singulier tous ceux
qui sont au pluriel. Exemples : au lieu d'écrire*
Dieux *(fausses divinités) au pluriel , vous écrirez :*
Dieu n. pr. m. s. ; *au lieu d'écrire* Mère *au singulier , vous écrirez au pluriel :* Mères n. c. f. pl.

(14, 15, 17, 18, 19, 20, 21, 22 et 23.) — Dieux,

— Mère. — Voyage. — Belge. — Russes. — Souffrances. — Lionne. — Maisons. — Jardin. — Peaux. — Des secours. — Des Français. — Noisettes. — Des noix. — Cous. — Un discours. — Tableau. — Fanaux. — Richesse. — Chapeau. — Veau. — Un lépreux. — Tuyau. — Gouvernement. — Démarches. — Un pas. — Créneau. — Lit. — Cheval. — Devoirs. — Un procès. — Pupitre. — Dictionnaires. — Parents. — Enfant. — Source. — Grâce. — Louve — Valence. — Rhône. — Sciences. — Encrier. — Canifs. — Algérie. — Sangliers. — Saumon. — Fraise. — Bagdad. — Villageoises. — Corbeaux. — Licou. — Fourchettes. — Oreiller. — Taies. — Des matelas. — Fournaise. — Fauteuils. — Blouses. — Peignoirs. — Bluet ou bleuet. — Pelouse. — Bœufs. — Bocaux. — Bouc. — Des cabas. — Un cabriolet. — Giboulée. — Gibecières. — Gilet. — Feuillette. — Feu. — Un rubis. — Des souris. — Filandres. — Tonneaux. — Escargot. — Escarbots. — Falot. — Anguilles. — Bourreaux. — Un radis. — Une saucière. — Un ananas. — Des salsifis.

EXERCICES SUR L'ARTICLE.

XII.

ARTICLES SIMPLES.

Vous placerez devant les noms suivants les articles le *,* la *,* les *,* l' *, suivant que ces noms seront au masculin ou au féminin, au singulier ou au pluriel. — On met le devant les noms masculins singuliers qui commencent par une consonne ou par un h aspiré. On met la devant les noms féminins singuliers qui commencent par une consonne ou par un h aspiré. On met les devant tous les noms plu-*

riels masculins et devant tous les noms pluriels féminins. On met l' devant tous les noms singuliers qui commencent par une voyelle ou par un h muet, que ces noms soient féminins ou masculins.

(25 et 27). — Ciel. — Firmament. — Arbres. — Nature. — Chaise. — Soulier. — Chaussure. — Robe. — Habit. — Vêtement. — Homme. — Eternité. — Salut. — Honneur. — Vertu. — Prince. — Empereur. — Roi. — Reine. — Hiver. — Assemblées. — Horloge. — Montres. — Livres. — Assiette. — Hérauts. — Hanneton. — Héritier. — Hache. — Armée. — Soldats. — Musique. — Hardiesse. — Honte. — Infamie. — Ouverture. — Histoires. — Occasion. — Ressource. — Venue. — Messie. — Hôpitaux. — Chevaux. — Humanité. — Perte. — Humilité. — Courage. — Fermeté. — Ouvrage. — Dictionnaires. — Maux. — Paradis. — Souci. — Violettes. — Hameçons. — Pie. — Houlette. — Honneurs. — Histoire. — Héros. — Héroïnes. — Ame. — Fenêtre. — Ordres.

XIII.

ARTICLES COMPOSÉS.

Mettez les articles au, à la, à l', aux, devant les noms suivants. — On met au quand le nom suivant est masculin singulier et qu'il commence par une consonne ou par un h aspiré. Exemple : Au roi, au héros. On met à la quand le nom suivant est féminin singulier et qu'il commence par une consonne ou par un h aspiré. Exemple : A la reine, à la halle. — On met à l' quand le nom suivant est masculin ou féminin singulier et qu'il commence par une voyelle ou par un h muet. Exemple : à l'état, à l'homme, à l'âme, à l'histoire. — On met aux quand le nom suivant est pluriel masculin ou pluriel féminin.

Roi. — Reine. — Vérité. — Mensonge. — Calepin. — Cahiers. — Permission. — Vêtements. — Ville. — Huître. — Encrier. — Livres. — Abreuvoir. — Sûreté. — Hôtellerie. — Portraits. — Hibou. — Terres. — Heures. — Papier. — Forêt. — Hameau. — Réfectoire. — Dortoirs. — Lavoir. — Etude. — Humeurs. — Pupitre. — Crayon. — Hardes. — Haillon. — Santé. — Aiguille. — Héroïsme. — Neige. — Eglise. — Chapelles. — Usages. — Philosophes. — Siége. — Collége. — Cortége. — Bouteille. — Homards. — Honnêteté. — Caves. — Cuisine. — Hommages. — Boulangerie — Homicide. — Buanderie — Greniers. — Echelle. — Lit. — Ecritures — Calligraphie. — Lectures. — Orthographe. — Dictée. — Retour. — Auberge. — Lions. — Epervier. — Anchois. — Homards. — Ecrevisses. — Sangsues — Marée. — Lapon. — Enfant. — Intelligence. — Coquelicots. — Citronnier. — Ellébore. — Effilures. — Escarbilles. — Abeille. — Jasmins. — Echalottes. — Oignon. — Epinards. — Scorsonères. — OEillet. — Sottise.

XIV.

Placez devant les noms suivants les articles du , de la , de l' , des. — *On met* du *quand le nom suivant est masculin singulier et qu'il commence par une consonne ou par un* h *aspiré. Exemples :* du papier , du hameau. — *On met* de la *quand le nom suivant est féminin singulier et qu'il commence par une consonne ou par un* h *aspiré. Exemples :* de la viande , de la haie. — *On met* de l' *quand le nom suivant est masculin singulier ou féminin singulier et qu'il commence par une voyelle ou par un* h *muet. Exemples :* de l'esprit , de l'habitation , de l'honneur — *On met* des *quand le nom suivant est pluriel.*

Esprit — Habitation. — Pain. — Viande. —

Corps. — Ame. — Santé. — Appétit. — Volonté. — Bonheur. — Hurlements. — Hirondelles. — Houblon. — Armée. — Tête. — Habit. — Parapluies. — Beffroi. — Cloche. — Eglise. — Charrette. — Travailleurs. — Ane. — Commerce. — Occasions. — Amabilité. — Estime. — Amour. — Pleurs. — Tranquillité. — Hôpital. — Hôtel-de-Ville. — Mur. — Muraille. — Géographie. — Histoire. — Catéchisme. — Arithmétique. — Science. — Calcul. — Nombres. — Lever. — Coucher. — Maladie. — Fluxions. — Langage. — Hareng. — Châteaux. — Iles. — Horreur. — Empire. — Trinité.

RÉCAPITULATION DES EXERCICES SUR L'ARTICLE.

XV.

Dites après chaque article de l'exercice suivant si l'article est simple ou composé, masculin ou féminin, singulier ou pluriel. Ainsi pour les mots : L'honneur, — Du pain, vous écrirez : L' (mis pour le, article simple mas. sing.) honneur. — Du (art. composé mas. sing.) pain.

L'honneur. — Du pain. — De la complaisance. — Du bonheur. — Du balai. — Des haillons. — Du sentiment. — Au pays. — Aux fermes. — L'écurie. — Aux classes. — La géométrie. — Au dessein. — L'arpentage. — Des terrains. — La science. — L'éternité. — L'étendue. — L'homme. — La témérité. — Du mal. — Des violettes. — La statue. — Le triomphateur. — Des images. — L'arbre. — L'emportement. — Du chêne. — Des forêts. — L'affabilité. — Des vainqueurs. — Du verglas — La pale. — Les peintres.—Le dessin.

XVI.

MÊME EXERCICE.

Du ciel. — Des mers. — La profondeur. — Le cercle. — Des poissons. — La circonférence. — L'herbier. — La vrille. — Le héros. — L'héroïne. — L'herbe. — Des champs. — La forêt. — Des forêts. — Les jardins. — Les poires. — Des pommes. — Des figues. — L'orange. — Aux cerises. — Du cerisier. — L'affiquet. — Du jardin. — Aux affranchis. — Des jardinières. — Au vassal. — La baraque. — Au ballon. — Du bâton. — Des bêches. — Aux champs. — Du laboureur. — Les choux. — Du verger. — Des montagnes. — L'allée. — L'eau. — La batiste. — Les agrafes. — Des socques (chaussure). — Le soc (fer d'une charrue). — Le socle (base d'un piédestal).

RÉCAPITULATION SUR LE NOM ET L'ARTICLE.

XVII.

Mettez au singulier les articles et les substantifs qui sont au pluriel, et au pluriel les articles et les substantifs qui sont au singulier. Par exemple, au lieu de : L'aumône du riche, les habits du pauvre, *écrivez :* Les aumônes des riches. — L'habit des pauvres.

L'aumône du riche. — Les habits du pauvre. — Les secours des chrétiens. — Les cahiers des élèves. — Les eaux des rivières. — Les sources des fleuves. — Aux vanités des hommes. — A la tante de ces enfants. — Les usages des familles. — Les cris des chasseurs. — Les chevaux des cultivateurs. — Les brebis des bergeries. — Aux serviteurs des riches.— Les châssis des fenêtres — L'herbe des champs. — L'eau de la mer. — Les vœux des religieux. —Au sommet de la montagne. — Au peuple de la ville. — Aux habitants des hameaux. — Les images des enfants. — A l'étang.

XVIII.

MÊME EXERCICE.

Le soldat de l'armée. — Les invasions des étrangers. — La joie des familles. — Le peuple de la ville. — La journée de l'ouvrier. — Aux temples de l'idole. — Aux lions des déserts.

Ne changez plus les phrases ci-après, mais dites si les substantifs sont des noms propres ou des noms communs, s'ils sont au masculin ou au féminin, au singulier ou au pluriel ; si les articles sont simples ou composés, s'ils sont au masculin ou au féminin, au singulier ou au pluriel.

Les grâces du Dieu des chrétiens. — A l'amour de la gloire. — Aux vertus des hommes. — Le salut de l'âme. — A l'ordre des princes de la terre. — Les habitants de Marseille. — Le sommet du volcan.

EXERCICES SUR L'ADJECTIF.

XIX.

Indiquez, dans l'exercice suivant, les adjectifs qualificatifs en mettant après l'adjectif : adj. qual.— On entend par adjectifs qualificatifs, les adjectifs qui donnent des qualités aux personnes et aux choses. Ainsi dans cet exemple : Dieu juste, juste est un adjectif qualificatif, parce qu'il donne une qualité à Dieu.

Dieu juste. — Homme fidèle. — Fervent chrétien. — Personne charitable. — Enfant obéissant. —Belle action. — Homme distrait. — Femme instruite. — Mère respectée. — Père prudent. — Climat salubre. — Terre ronde. — Table carrée. — Grand homme. — Eau pure. — Chevelure noire. — Habit bleu. — Bonne terre. — Douce mère. — Lion courageux. — Papier blanc. — Arbre élevé. — Devoir facile. — Elève courageux. — Enfant appliqué. — Robe noire. — Longue route. — Précieux ami.

XX.

Dites si les adjectifs renfermés dans les phrases suivantes sont du masculin ou du féminin, du singulier ou du pluriel. Par exemple, Fertiles campagnes, vous direz : Fertiles, (fém. plur.) campagnes.

(30 et 31.) — Fertiles campagnes. — Aimable solitude. — Montagnes élevées. — Monts escarpés. — Vieux châteaux. — Belle écriture. — Voix agréable. — Jardins délicieux. — Plaine immense. — Riches vallons. — Vallée profonde. — Mer dangereuse. — Sainte Vierge. — Humble Marie. — Mère aimable.— Pécheurs repentants. —Conseils charitables. —Jugement dernier. — Journées mémorables. — Pain céleste. — Homme vertueux.

XXI.

Mettez au féminin les adjectifs suivants :

(32, 33, 34.) — Sage. — Immense. — Rapide. — Honnête — Jaune. — Riche. — Agréable. — Vaste. — Favorable. — Large. — Tranquille. — Facile. —

Paisible. — Docile. — Grand. — Hardi.—Fréquent. — Perdu.— Retiré. — Laid. — Joli.—Chéri.—Brillant. — Saint. — Pur. — Eloquent. — Puissant. — Haut. —Dangereux. — Laborieux. — Heureux. — Délicieux.— Peureux. — Fougueux.— Nombreux. — Merveilleux.— Précieux.— Courageux. — Nébuleux. — Orageux.

XXII.

MÊME EXERCICE.

Patient. — Langoureux. — Terrible. — Mauvais. — Savant. — Froid. — Capital. — Bleu. — Rond. — Plein. — Gai. — Joyeux. — Dissipé. — Véhément. — Rebelle. — Enflé. — Poli. — Affecté. — Grossier. — Vrai. — Clément. — Egal.— Parfait. — Sincère. —Profond. — Catholique. — Modeste. — Légitime. — Seul. — Pervers. — Ingrat. — Gris.— Etroit. — Délicat. — Orgueilleux. — Estimable. — Vertueux. — Craint. — Banni.— Brûlant. — Desséché.—Penché. — Solide. — Aisé. — Perdu. — Envié.

XXIII.

Ecrivez le masculin des adjectifs féminins qui suivent :

(33.) — Polie. — Cuite. — Pourrie. — Vendue. — Soumise. — Instruite. — Mortifiée. — Changée. — Défendue. — Déterminée. — Clémente. — Patiente. — Délicate. — Froide. — Etroite. — Verte. — Perdue. — Sacrée. — Rare. — Rouge. — Salutaire. — Périssable. — Adorable. — Laborieuse. —¡Pieuse. — Douteuse. — Vertueuse. — Courageuse. — Heureuse. — Peureuse. — Malheureuse. — Impétueuse.

— Précieuse. — Généreuse. — Paresseuse. — Dangereuse. — Délicieuse. — Joyeuse.

XXIV.

Mettez au pluriel les adjectifs suivants :

(35). — Eternel. - Eternelle. — Sage. — Terrible. — Indiscret.-Indiscrète. —Secret. - Secrète. —Bon.-Bonne. — Prudent. - Prudente. — Aimé. - Aimée. — Net. - Nette. — Sujet. - Sujette. — Muet. - Muette. —Fluet. - Fluette.—Complet. - Complète. — Incomplet. - Incomplète.— Discret.-Discrète. — Inquiet.-Inquiète.— Replet. - Replète. — Patient. - Patiente. — Petit. - Petite. — Abattu. - Abattue. — Balancé.-Balancée. — Abject. - Abjecte. — Brave. — Bienfaisant. - Bienfaisante. — Obligeant. - Obligeante. — Absent. - Absente.—Sain. - Saïne. — Saint.-Sainte. — Ignorant. - Ignorante. — Recherché. - Recherchée. — Lent. - Lente. — Chagrin. - Chagrine. — Ampoulé. - Ampoulée. — Chrétien. - Chrétienne. — Païen. - Païenne.— Ancien. - Ancienne. — Bouffon.-Bouffonne, — Mignon. - Mignonne. — Concret.-Concrète. — Mahométan. - Mahométane. — Paysan. - Paysanne. — Sot. - Sotte. — Vieillot. - Vieillotte. — Veuf. - Veuve. — Actif. - Active.—Blanc. - Blanche. — Franc. - Franche.

XXV.

MÊME EXERCICE.

Mou. - Molle. — Fou. - Folle. — Bref. - Brève. — Vif. - Vive. — Rétif. - Rétive. — Poussif. - Poussive.—Expéditif. - Expéditive.—Nul. - Nulle.— Gentil. - Gentille. — Actuel. - Actuelle. — Habituel. -

Habituelle. — Vermeil. - Vermeille. — Pareil. - Pareille. — Mortel. - Mortelle. — Immortel. - Immortelle. — Tel. - Telle. — Sec. - Sèche. — Public.-Publique. — Caduc. - Caduque. — Turc. - Turque. — Grec. - Grecque. — Long. - Longue. — Oblong. - Oblongue. — Malin. - Maligne. — Bénin. - Bénigne. — Favori. - Favorite. — Coi. - Coite.

XXVI.

MÊME EXERCICE.

Parleur. - Parleuse. — Menteur. - Menteuse. — Voleur. - Voleuse. — Trompeur. - Trompeuse. — Débiteur. - Débitrice. — Exécuteur. - Exécutrice. — Inventeur. - Inventrice. — Persécuteur. - Persécutrice. — Enchanteur. - Enchanteresse. — Admirateur. - Admiratrice. — Adulateur. - Adulatrice. — Approbateur. - Approbatrice. — Conciliateur. - Conciliatrice. — Conservateur. - Conservatrice. — Délateur. - Délatrice. — Dénonciateur. - Dénonciatrice. — Directeur. - Directrice. — Investigateur. - Investigatrice. — Lecteur. - Lectrice. — Donateur. - Donatrice. — Testateur. - Testatrice. — Gouverneur. - Gouvernante. — Serviteur. - Servante. — Antérieur. - Antérieure. — Inférieur. - Inférieure. — Supérieur. - Supérieure. — Intérieur. - Intérieure.

XXVII.

Achevez les adjectifs renfermés dans les phrases suivantes en les faisant accorder avec les substantifs d'après les numéros 36 et 37 de la grammaire.

Le frère et le cousin sont content.. — La

mère et la fille sont heureuse... — Le maître et l'élève sont parti... — Le père et la fille sont triste...— Ma sœur et ma cousine sont attentive... — L'oncle et le neveu sont instruit... — Le père et la mère sont heureu... — Le prince et la princesse sont courageu... — Le frère et la sœur sont vertueu... — La pêche et l'abricot sont excellent... — La mère et le fils sont vigilant... — Le roi et la reine sont bienfaisant...

XXVIII.

Mettez les adjectifs ce, cet, cette, ces, *devant les noms suivants, en faisant bien attention si ces noms sont au masculin ou au féminin, au singulier ou au pluriel.*

On met ce quand le nom suivant est masculin singulier et qu'il commence par une consonne ou par un h aspiré. Ex : Ce livre, ce héros.

On met cet quand le nom suivant est masculin singulier et qu'il commence par une voyelle ou par un h muet. Ex.: Cet enfant, cet homme.

On met cette quand le nom suivant est féminin singulier. Ex.: Cette femme.

On met ces quand le nom masculin ou féminin est au pluriel. Ex.: Ces hommes, ces femmes.

(38 et 39.) Père.— Livre. — Ouvrage. — Aiguille. —.Enfants. — Mère.— Orage. — Héros.— Perle.— Ecritoire.— Ennemis. — Houblon. — Oubli.—Charité.— Vertu. — Bonheur. —Désir. — Sortie. — Papier. — Plume. — Encre.—Encrier.— Epée —Fourreau. — Calepin. — Cahiers. — Plumes. — Bois.— Or. — Histoire. — Science. — Abîme. — Ecueil.— Sable. — Mœurs.— Douleur. —Espérance. — Eternité. — Conseil. — Providence.

XXIX.

MÊME EXERCICE.

(38 et 39). Fortune. — Douleur. — Tristesse. — Probité. — Hareng. — Poisson. — Huître. — Repos. — Amour. — Envie. — Ange. — Accord. — Arrosoir. — Esprit. — Nœud. — Ventilateur. — Question. — Paroisse. — Horloge. — Haillon. — Grêle. — Idolâtrie. — Place. — Hôpital. — Dessert. — Adresse. — Carreaux. — Gants. — Habits. — Outil. — Privation. — Assiettes. — Serviettes. — Ferme. — Accueil. — Arsenal. — Cheveux.

XXX.

Achevez devant les noms suivants les adjectifs possessifs mon, ton, son; ma, ta, sa; mes, tes, ses, *en faisant bien attention si les noms sont masculins ou féminins, singuliers ou pluriels.* — Mon, ton, son, *s'emploient aussi devant les noms fém. sing. qui commencent par une voyelle ou un h muet.*

(40). M... Dieu. — T... père... — M... mère. — M... frères. — T... sœurs. — T... vertus. — M.. oiseaux. — M... amour. — S... charité. — M... conseils. — S... réprimandes. — S... héraut. — T... ouvriers. — M... défauts. — S... vices. — S... cahier. — T... parapluie. — S... images. — S.. ingratitude. — T... esprit. — S... sagesse. — M... pages. — M... épée. — S... cheveux. — T... hache. — S... haines. — S... ouvrage. — T... horloges. — S... chevaux. — S... piété. — M... hardiesse. — S... hameau. — T... patience. — M... histoire. — M... tableau. — S... portrait. — T... inquiétudes. — T... valeur. — S... droiture. — S... neveux. — M... filleule. — S... parrain. — S... oncles. — T... socques. — T... chaussure. — S... coiffure. — S... gravité.

XXXI.

Achevez devant les noms suivants, les adjectifs possessifs notre, votre, leur, nos, vos, leurs, *en faisant bien attention si les noms sont au singulier au pluriel.*

40.) — N.... Dieu. — N.... bonheur. — V.... tion. — L.... visage. — L.... projets. — N.... is. — V.... troupeaux. — N.... penchant. — V.... vail. — V.... bienfaits. — L... espérance. — N.... upation. — V.... satisfaction. — L.... grammaire. L.... études. — L... intelligence. — V.... con- ce. — N.... savoir. — L.... innocence. — V.... pirs. — N... inclinations. — V. . sagesse. — V.... tée. — V.... fautes. — L.... objets. — L.... trist- se. — V.... joie.

XXXII.

Indiquez le genre et le nombre des adjectifs sui- ts. Exemple : Mon *(masculin singulier).*

40.) — Mon. — Ma. — Mes. — Ton. — Ta. — i. — Son. — Sa. — Ses. — Notre. — Nos. — tre. — Vos. — Leur. — Leurs. — Son. — Mon. Votre. — Leurs. — Vos. — Sa. — Tes.

XXXIII.

Mettez leur *ou* leurs *à l'endroit où il y a des ints.* Leur *placé devant un verbe ne prend jamais ; leur placé devant un nom prend un* s*, si ce n est au pluriel.*

42.) — Nous .... avons dit qu'ils doivent bien tra-

2

vailler tous…. devoirs. — Les enfants sages sont
toujours soumis à … parents et à …. maîtres ; ils
cherchent toujours à …. procurer quelques consolations. — Les sujets fidèles sont ceux qui aiment
…. roi et qui le servent fidèlement. — Les enfants
doivent témoigner tout …. amour à Dieu, à ….
parents et à ceux qui consacrent …. vie à …. donner une bonne éducation. — …. paresse et …. in-
souciance …. font négliger tous …. devoirs. — Ces
élèves écrivent mal parce qu'ils ne calquent pas
avec attention …. modèles. — Dieu a béni ….
efforts.

XXXIV.

*A la place des points, les élèves mettront ces ou
ses. Ce mot ces marque que la personne ou la chose
dont il s'agit est devant les yeux, on la montre ;
ces est un adjectif démonstratif. Exemple : Ces
habits sont troués, c'est-à-dire les habits que j'ai
là devant moi, devant mes yeux. — Le mot ses in-
dique que l'objet dont on parle appartient à quelqu'un ou à quelque chose. Exemple : Pierre a ses
habits troués, c'est-à-dire les habits qui appartiennent à Pierre.*

(43.) — Noé se sauva dans l'arche avec sa femme
et …. enfants. — …. domestiques sont fidèles à leur
maître ; ils veillent à tous … intérêts. — …. enfants
sont dociles aux avis qu'on leur donne. — …. beaux
champs de blé sont un bienfait de Dieu. — Ce fermier
a toutes …. terres remplies de mauvaises herbes,
parce qu'il n'envoie jamais personne pour les arracher. — Payez à l'ouvrier le prix de …. travaux. —
Dieu répand …. faveurs sur les gens vertueux. —
L'homme sage met …. espérances en Dieu. — Je ne
puis croire que …. gens-là soient de nos amis. —
Un cœur noble pardonne à tous …. ennemis. — Ne
comptez pas sur … hommes sans foi ni loi.

ADJECTIFS NUMÉRAUX.

XXXV.

Dites si les adjectifs suivants sont des adjectifs numéraux cardinaux ou des adjectifs numéraux ordinaux. Exemples : Un *(adjectif numéral cardinal).* Premier *(adjectif numéral ordinal).*

(44, 45 et 46.) — Un. — Premier. — Trois. — Dix. — Vingt. — Dix-neuf. — Huit. — Deuxième. — Quinze. — Second. — Neuvième. — Centième. — Quarante-trois. — Soixante. — Quatre-vingt-deux. — Cinquième. — Soixante-quinze. — Deux mille quatre cents. — Quatre-vingt-sept. — Quatre-vingtième. — Douzième. — Millième. — Vingt millions. — Trente-deux. — Soixante-quatorze. — Quatre-vingt-dixième. — Trente-huit. — Cinquante-sept. — Vingt-six. — Cinquante. — Dix millième. — Cent dix-neuvième. — Cent dix-neuf.

RÉCAPITULATION DES EXERCICES SUR L'ADJECTIF.

XXXVI.

Dites si les adjectifs suivants sont des adjectifs qualificatifs, ou des adjectifs démonstratifs, ou des adjectifs possessifs, ou des adjectifs numéraux cardinaux, ou des adjectifs numéraux ordinaux. — Dites aussi si ces adjectifs sont au masculin ou au féminin, au singulier ou au pluriel. Exemples : Intéressant *(adjectif qualificatif masculin singulier).* — Cette *(adjectif démonstratif féminin singulier).* — Ses *(adjectif possessif pluriel des deux genres).* — Vingt *(adjectif numéral cardinal des deux genres).*

(De 28 à 47.) — Intéressant. — Cette. — Ses. —

Vingt.— Pieuses. — Laborieux. — Sage. — Bons.
—Grand. — Utile.— Ces. — Dix. — Ce. — Notre.
— Cet. — Leurs. — Attentif. — Expéditive.
— Ses.— Ces. — Soixantième. — Cette. — Sa. —
Grecque. — Long. — Cinq. — Quatre-vingts. —
Ton. — Heureuse.— Treize. — Quatrième. — Se-
conde. — Faux. — Mes. — Son. — Première. —
Dernier. — Mon. — Ma.— Polie. — Nos. — Ta. —
Tes. —.Egaux. — Vos. — Dernière. — Fatal. —
Gai. — Egales. — Millionième. — Quinze. — Six
cents.— Orgueilleux. — Timides. — Raide. — Crue
— Fraîche. — Secs. — Frais. — Excellente.

RÉCAPITULATION DES EXERCICES SUR LE NOM, L'AR-

TICLE ET L'ADJECTIF

XXXVII.

Ajoutez les lettres nécessaires à l'article ou à l'adjectif partout où il y aura des points.

L... amour de... parents. — L... habillement
d... pauvre. — Le... esprits distingué... — L.. élève
docile.. — Ce... personnes charitables.. — Leu...
paroles respectueu... — L.. enfant docile. — C...
hardi.. guerrier. — C... héros clément. —C... pertes
considérabl... —Leu... entretiens familier... — S...
vertus obscure... — S .. saint... pensées. — C...
homme intrépide — L... langage d... oiseaux. —
L..immortalité de l..âme.

*Dans les phrases suivantes dites : 1° si l'article
est simple ou composé, masculin ou féminin, singulier ou pluriel ; 2° si les noms sont communs ou
propres, masculins ou féminins, singuliers ou pluriels ; 3° si les adjectifs sont possessifs, ou démons-*

tratifs, ou numéraux cardinaux, ou numér x ordinaux.

Les hommes savants. — Une belle tabatière. — Ces bonnes enfants. — Tes petits oiseaux. — Ce vieillard respectable. — Le neveu de Tibère. — Vingt-cinq personnes. —Un homme franc. — La mère de cet enfant. — Les premiers ermites. — Mon canif.— Ses socques. — Ta bourse. — La charité du Dieu des chrétiens. — La fille de Germanicus. — Le courage du héros français. — Trois abricots. — Nos grandes provisions. — Leur beau jardin. — Vos bons parents.

EXERCICES SUR LE PRONOM.

XXXVIII.

PRONOMS PERSONNELS.

« *Pronoms personnels de la première personne :*
» Je, me, moi, *pour le singulier des deux genres*
» *et* nous *pour le pluriel des deux genres.* — *Pro-*
» *noms personnels de la deuxième personne :* Tu,
» te, toi, *pour le singulier des deux genres et* vous
» *pour le pluriel des deux genres.* — *Pronoms*
» *personnels de la troisième personne :* Il, le, *pour*
» *le masculin singulier ;* ils, eux, *pour le masculin*
» *pluriel ;* elle, la, *pour le féminin singulier ;* elles
» *pour le féminin pluriel ;* les, leur, *pour le pluriel*
» *des deux genres ;* soi, *pour le singulier des deux*
» *genres ;* se, *pour les deux genres et pour les*
» *deux nombres* (1). »

---

(1) *Le, la, les,* sont pronoms personnels quand ils accompagnent un verbe; et ils sont articles quand ils sont devant un nom.

Dites si les pronoms suivants sont du masculin, ou du féminin, ou des deux genres ; s'ils sont du singulier, ou du pluriel, ou des deux nombres ; s'ils sont de la première, ou de la deuxième, ou de la troisième personne.

Je. — Nous. — Se. — Lui. — Tu. — Elle. — Vous. — Leur. — Soi. — Moi. — Me. — Elles. — Eux. — Ils. — La. — Te. — Les. — Toi. — Le. — Il. — Se. — Vous. — Moi. — Eux. — Leur. — Elle. — Lui. — Ils. — Nous. — Je. — Tu. — Soi. — Me. — Elles. — Te. — Toi — La. — Les. — Moi. — Vous. — Lui. — Elle. — Leur — Soi. — Le. — Se. — Nous. — Toi.

XXXIX.

Nommez les pronoms relatifs qui se trouvent dans les phrases suivantes et les noms auxquels ces pronoms relatifs se rapportent. — Exemple : L'enfant qui aime le bon Dieu, remplit bien tous ses devoirs. *(Qui, pronom relatif; son antécédent est* enfant.*)*

(53 et 54). L'enfant qui aime le bon Dieu, remplit bien tous ses devoirs — Un homme qui a su vaincre ses passions et y mettre un frein a remporté la plus belle de toutes les victoires. — Le sage qui entend une parole sensée, la loue et se l'applique à lui-même. — Un enfant qui est sage est la joie de son père. — Ne méprisez jamais les bons conseils que l'on vous donne. — Dieu demandera beaucoup à celui à qui il aura donné beaucoup. — Malheur à l'homme dont les mains sont souillées de crimes. — La pensée de la mort à laquelle mon frère se livra lui fit faire un heureux retour sur lui-même. — Grégoire de Naziance, qui vivait sans ambition, et qui

ne voulait rien entretreprendre contre la discipline, ne se croyait pas engagé à une charge qu'il n'avait pas acceptée.

XL.

« *Les pronoms démonstratifs sont , pour le mas-*
» *culin singulier :* Ce, celui, celui-ci, celui-là , ceci,
» *cela ; pour le féminin singulier :* Celle , celle-ci,
» *celle-là ; pour le masculin pluriel :* ceux, ceux-ci,
» *ceux-là ; pour le féminin pluriel :* celles , celles-
» *ci ,* celles-là *— Les pronoms possessifs :* Les
» nôtres , les vôtres , les leurs *s'emploient pour le*
» *pluriel des deux genres.* »

Dites si les pronoms suivants sont des pronoms possessifs ou des pronoms démonstratifs , s'ils sont du masculin ou du féminin ou des deux genres ; s'ils sont du singulier ou du pluriel ou des deux nombres.

(52 et 55.) — Le mien. — Celui. — Ceux. — Les nôtres. — La tienne. — La leur. — Celle. — Le vôtre. — Celles-ci.— Ceux-là.— Les leurs.— Les siens. — La mienne. — La sienne. — Celui-ci. — Celles-là. — La nôtre. — Ceci.— La vôtre. — Le tien.—Cela. — Le sien. — Celle-là. — Le nôtre. — Le leur. — Les miens. — Les leurs. — La nôtre. — Celui-là. — Les vôtres. — Celle-là. — Les tiens.— Les miennes. — Celle-ci.— Ceux-ci. — Celles. — Les siennes. — Celle. — Les tiennes. — Ceci. — Ceux-là. — Les nôtres. — La leur. — Les leurs.

XLI.

» *Le pronom relatif a toujours le même genre et*
» *le même nombre que son antécédent -- Le pro-*

» nom relatif n'a pas toujours un nom pour antécé-
» dent ; il a aussi quelquefois pour antécédent un
» autre pronom. — Lorsque le pronom relatif a
» pour antécédent un nom ou un pronom posses-
» sif ou un pronom démonstratif, le pronom relatif
» est toujours de la troisième personne. — Lors-
» que le pronom relatif a pour antécédent un pro-
» nom personnel de la première personne, ce pro-
» nom relatif est aussi de la première personne ;
» lorsqu'il a pour antécédent un pronom personnel
» de la deuxième personne, il est aussi de la deu-
« xième personne, et s'il a pour antécédent un
» pronom personnel de la troisième personne il est
» de la troisième personne, comme son antécé
» dent. » -

*Dites si les pronoms relatifs qui se trouvent dans
les phrases suivantes sont de la première, ou de la
seconde ou de la troisième personne ; s'ils sont du
masculin ou du féminin ou des deux genres ; s'ils
sont du singulier ou du pluriel ou des deux nombres. Exemple :* Ce sera moi qui vous servirai de
guide *(Le pronom relatif* qui *est de la première
personne du singulier des deux genres, parce qu'il
a pour antécédent le pronom personnel* moi *qui est
de la première personne du singulier, des deux
genres.)*

Ce sera moi qui vous servirai de guide. — L'enfant
qui est sage est heureux. — Ce sont les vôtres que je
préfère. — L'enfant qui aime la correction deviendra
sage ; celui qui hait les réprimandes est un insensé.
—Le péché mortel, dont nous devons avoir une grande
horreur, donne chaque jour la mort à une infinité
d'âmes. — Ce philosophe donna à Théodose ces premières impressions d'honneur et de probité qui ré-
glèrent depuis toutes les impressions de sa vie.—Est-ce
vous qui avez brodé ces manchettes ? — La personne

dont vous me parliez tout-à-l'heure demande à vous voir. — La vraie noblesse à laquelle toute âme bien née doit aspirer, c'est celle des sentiments. — Votre père a mérité par sa conduite les hautes fonctions auxquelles il est parvenu. — Ton frère doit à sa loyauté le crédit dont il jouit. — Les pertes que nous avons faites ne sont pas irréparables.

XLII.

MÊME EXERCICE QUE LE PRÉCÉDENT.

Il était extrêmement aimé de son parrain dont il avait gagné le cœur par ses attentions délicates. — Le mulet qu'il montait passa avec rapidité sous un chêne touffu. — Daignez oublier les offenses dont je me suis rendu coupable, dit Séméi à David. — Ce bon roi nourrissait dans son âme deux souhaits, dont il désirait d'assurer l'accomplissement avant de mourir. — Il en parla au prophète Nathan, qui lui fit connaître, de la part de Dieu, que ces deux demandes étaient exaucées d'une manière qui surpassait de beaucoup ses espérances. — C'est nous qui avons planté ces jeunes arbres. — Est-ce vous qui avez peint ces fleurs? — Ce sont les tiens qui sont retournés. — Celui qui parle toujours n'a pas le temps de réfléchir. — C'est celui-là qu'on réclame — C'est le vôtre qui est perdu. — Ce sont les miennes qui sont perdues.

XLIII.

« Les pronoms relatifs deviennent pronoms inter-
» rogatifs lorsqu'ils servent à former une interro-
« gation directe. — Lorsque le mot où ne sert pas à
« former une interrogation, il est précédé d'un

« nom ou d'un pronom qui est son antécédent, alors
« ce mot où est un pronom relatif. »

*Nommez tous les pronoms interrogatifs, tous les
pronoms indéfinis, et tous les pronoms relatifs qui
se trouvent dans les phrases suivantes.*

(53 et 55). Laquelle est la plus instruite de votre
sœur ou de votre cousine?— Où allez-vous? — D'où
viennent-ils? — Quiconque donne au pauvre ne sera
jamais dans le besoin. —Les Vandales, quittant l'Espagne, passèrent en Afrique, où ils fondèrent un
grand empire. — Que désirez-vous?— A quoi pense-
t-elle? — Nul n'est parfait ici-bas. — On vous appelle.— Celui qui rejette la prière du pauvre tombera
lui-même dans l'indigence. — Chacun dit du bien de
son cœur; personne n'ose en dire de son esprit. —
Nul n'a répondu à l'appel de la charité. — Qui nous
accompagnera? —Dieu connaît chacune de nos pensées. — Rien ne peut la consoler — Quelqu'un demande à vous parler. — Ne faites pas à autrui ce que
vous ne voudriez pas qu'on vous fît à vous-même. —
Personne ne s'est montré. — Tout a été détruit.

RÉCAPITULATION DES EXERCICES SUR LE PRONOM.

XLIV.

*Dites de quelle espèce, de quel genre et de quel
nombre sont les pronoms suivants :*

Nous. — La mienne. — Celui-ci. — Celle-là. —
Quiconque. — Je. — Toi.— Leur. — Rien. — Tout.
— *Que* fait-elle? — Eux. — Ceux. — On. — Quel-
qu'un. — Vous. — Tu. — Me. — Les nôtres.— La
leur.—Les siennes. — Moi. — Le mien. — Celui.—
Personne. — A *quoi* s'occupe-t-il? — Autrui. — Ce-

lui-là — Ceci. — Te. — Il. — La tienne. — Ils. — Elle. — Quiconque. — Dont.— Les choses *auxquelles* nous pensons. — Les enfants *qui s'* appliquent. — Les petites filles *qui s'excusent.* — Lui. —En. — Les vôtres.— Celles-là. — Cela. — Y.

XLV.

Remplacez par des pronoms les mots écrits en caractères italiques.

Tournons toutes nos espérances vers Dieu : si nous prions *Dieu* avec ferveur, *Dieu* nous donnera les grâces que nous aurons demandées à *Dieu.* — La sainte Vierge est notre mère ; *la Sainte Vierge* est notre avocate auprès de Jésus son divin fils ; si nous prions bien *la Sainte Vierge* pendant notre vie, *la Sainte Vierge* aura soin de nous à l'heure de la mort. — Le mensonge est odieux ; nous devons fuir *le mensonge* comme la peste. — Le roi Saint Louis aimait son peuple et *le roi Saint Louis* était aimé *de son peuple.* — Aimez la vérité et aimez qu'on vous dise *la vérité.* — Tobie allait donc visiter ceux de sa nation qui étaient captifs, *Tobie* leur distribuait tous les jours ce que *Tobie* pouvait avoir. — Tobie retourna dans sa propre maison, et ses biens furent rendus à *Tobie.* — Dieu exauça la prière de Tobie, d'une manière infiniment supérieure à tout ce que *Tobie* aurait pu demander ou espérer, car vous verrez *Dieu* envoyer à *Tobie* un ange pour secourir *Tobie.*

XLVI.

MÊME EXERCICE.

Saint Jean était alors âgé de quatre-vingt-dix ans

et une si grande vieillesse n'empêchait pas *Saint Jean* d'aller dans les provinces voisines, tantôt pour y ordonner des évêques, tantôt pour y former et établir de nouvelles églises. *Saint Jean* écrivit son Evangile à la sollicitation des évêques d'Asie, qui prièrent *Saint Jean* de rendre par écrit un témoignage authentique à la divinité de Jésus-Christ. — Les bourreaux, altérés de sang, flattèrent *les bourreaux* d'abattre la constance du diacre Sanctus. — Avant de tourmenter Epipode, le juge, qui espérait gagner *Epipode* par des discours flatteurs, dit à *Epipode* : « Il ne faut pas vous obstiner à périr, etc.

XLVII.

Dites de quel nom chacun des pronoms qui se trouvent dans l'exercice suivant, tient la place.

Si les Apôtres n'avaient pas vu Jésus-Christ ressuscité, s'*ils* n'avaient pas été convaincus de sa divinité, jamais *ils* ne *se* seraient exposés aux souffrances et à la mort, pour annoncer en tous lieux, par son ordre, la doctrine *qu'ils* avaient reçue de *lui*. — Polycarpe aurait pu *se* sauver, mais *il* ne *le* voulut pas. — L'homme *dont je vous* parle s'est repenti de sa faute. — Comment pourrais-je retourner vers mon père sans *lui* ramener Benjamin? Non, je ne pourrais supporter la vue de la désolation que cette perte *lui* causerait. — Alors Joseph vit clairement que ses frères s'étaient sérieusement convertis; et, ne pouvant plus *se* contenir, *il* dit aux Egyptiens *qui l'*entouraient: Sortez tous d'ici.

RÉCAPITULATION SUR LE NOM, L'ARTICLE, L'ADJECTIF

ET LE PRONOM.

XLVIII.

1o *Mettez l'article qui convient où il y a des points.*

L.... spectacle d.... beautés de l.... nature doit nous élever vers son Créateur. — J'aime mieux l.... obéissance que l'... holocaustes. — Je ne veux pas l.... mort de l... impie, dit l.... Seigneur; je veux qu'il se convertisse.— L.... maux physiques, comme tous l... événements de l... nature, ont pour but de rappeler l... homme à son Dieu. — L.... patience d.. saint vieillard fut mise à l... épreuve.

2° *Mettez au pluriel les noms suivants :*

Palais.— Concours. — Gaz. — Gaze. — Soleil. — Radis. — Tableau. — Bureau.— Canal. — Trou. — Fou.— Veau. — Tribunal. — Parvis. — Bas.— Soulier.— Chaussure. — Amiral. — Caporal. — Bourreau.— Lapereau. — Licou. — Canevas. — Dé. — Aiguille.— Jeu. — Canard. — Neveu. — Matelas. — Essieu.— Rome. — Coucou. — Corps. — Cor. — Aveu.— Taureau. — Rosier. — Violette. — Cardinal. — Procès. — Fanal. — Croix. — Maréchal. — Choix. — Perdrix.

3° *Mettez au féminin pluriel les adjectifs suivants :*

Aimable.— Sage.— Heureux.— Ferme.— Cassé. — Perdu. — Déchiré. — Impertinent. — Docile. — Respectueux.— Caché. — Allongé. — Prudent. — Adroit.— Gai. — Bourru. — Brusque. — Méchant. —Admirable. — Superbe. — Nerveux. — Cru. — Cuit.— Misérable.— Peureux. — Inférieur. — Supérieur.— Équitable. — Juste.— Propre. — Maladroit. — Laborieux.

4. *Dites de quelle personne sont les pronoms suivants :*

Moi. — Vous. — Je. — Soi. — Leur. — Elle. — Me. — Toi. — Tu. — Nous. — Eux. — Se.

3

—Te. — Il.— Lui. — Elle. — Vous. — La. — Les.
— Eux. — Nous.—Se. — Le.

5° *Faites l'analyse grammaticale des mots
suivants :*

Les enfants dociles auxquels nous ... - La Vierge
de la chapelle du hameau ... - Les hommes distingués qui ... - Les fleurs que je ... - La femme dont
vous ... - Les miens. - Son livre - Tes plumes. -
Les leurs. - L'orage qui ... - Sa mère qui ... -
Leurs amies. - Les nôtres. - Le tien. - Ton chapeau qui ... - Les nôtres dont ... - Les femmes
auxquelles ... - Les tiennes qui ... - Celui que tu ...
- Ceux-ci. - Le canif que je vous ... - Cela. - Ces
tableaux. - Cette haie. - Les leurs. - Celles-là. -
Celle-ci. - Cet oiseau. - Ce singe.

XLIX.

EXERCICES SUR LES VERBES.

*Dans les exercices suivants indiquez les sujets
et les verbes.*

(58, 59, 60 et 63.) — Ma sœur brode.—Je dessine.
—Tu écris.— Il parle. — Elle coud. — Vos tantes
arrivent. — Nous jouerons. — Tu travailles. — Elle
s'asseiera. — Nous écrivons. — Vous répondez. —
Elles tricotent. — Cette dame partira demain. — Ces
fleurs sont jolies. —Tu dors. — *Conjuguez le verbe*
avoir.

L.

*Indiquez tous les verbes que vous trouvez dans
l'exercice suivant ; faites après chaque phrase l'in-*

terrogation pour connaître le sujet ou les sujets de ces différents verbes, nommez tous ces sujets, et dites à quelle personne et à quel nombre est chacun de ces verbes. -- *Exemple :* La paix ramène l'abondance. Ramène *est un* verbe. — *Qui est-ce qui ramène? La paix.* La paix *est le* sujet *du verbe* ramener. *Ce verbe* ramener, *ayant pour sujet un* nom, *est de la* troisième personne *et comme ce sujet est au* singulier *le verbe est aussi au* singulier.

(58. 59, 60,61, 62, 63 et 67.) — La paix ramène l'abondance. — Un père aime ses enfants et il hait leurs défauts. — L'ami fidèle est une puissante protection. — Le vice empoisonne les plaisirs.— Le Seigneur est bon : il soutient dans leur affliction ceux qui sont à lui, et il protége ceux qui espèrent en lui. —L'orgueilleux sera humilié. — Aman se plaignait à sa femme et à ses amis. — Dieu punira les méchants et il récompensera les bons. — Le roi éleva Mardochée à la place d'Aman. — Le temps perdu ne revient plus. — Nous devons aimer Dieu par-dessus toutes choses. — Je travaillerai pour les pauvres. — Tu auras pitié de ces malheureux.— Vous êtes toutes bien raisonnables, mes bonnes enfants. — Nous ne vous oublierons pas. — Je prierai pour cette pauvre femme.— Vous travaillez avec courage.

LI.

Employez seulement l'expression correcte. Par exemple, il est dit : Le riche et le pauvre est *ou* sont égaux devant Dieu ; *observant la règle de votre grammaire, au numéro* 64, *dites :* Le riche et le pauvre sont égaux devant Dieu.

(64 et 65). — Le riche et le pauvre *est* ou *sont* égaux devant Dieu — Condé et Turenne *sont* ou *est*

de grands capitaines. — La Grèce et l'Italie *a* ou *ont* produit des grands hommes dans tous les genres. — Le jeu et la débauche *ruinent* ou *ruine* des millions de familles ; l'aumône n'en appauvrit aucune. — Une bonne réputation et un ami vertueux *valent* ou *vaut* plus que l'or et l'argent. — Vous et votre frère *viendra* ou *viendrez*. — Athalie et Esther *sont* ou *est* des chefs-d'œuvre dramatiques. — Mes parents et moi *voyagerons* ou *voyageront* le mois prochain. — Votre sœur et vous *comprendra* ou *comprendrez* un jour l'importance d'une bonne éducation. — La paresse et l'oisiveté *est* ou *sont* les avant-coureurs de la misère. — Ma sœur et ma cousine *sont* ou *est* bien gaies. — *Conjuguez le verbe* être.

LII.

MÊME EXERCICE.

(64 et 65). — C'est ta tante et ta cousine *qui viennent* ou *qui vient* d'arriver. — C'est toi et ta sœur *qui est* ou *qui êtes* les plus silencieuses. — Vous et moi *iront*, *irez* ou *irons* à Londres l'année prochaine. — Vous et vos cousines *viendront* ou *viendrez* à notre petite soirée. — Marie et Sophie *a fait* ou *ont fait* beaucoup de progrès depuis six semaines. — Henriette et sa sœur *sont* ou *est* prêtes à vous accompagner. — Elle et moi *nous nous repentons* ou *se repentent* de la faute que nous avons commise. — Elle et moi *vous prient* ou *vous prions* de nous pardonner. — C'est ton père et ton oncle *qui arrive* ou *qui arrivent*. — *Conjuguez le verbe* avoir *et le verbe* être

LIII.

MÊME EXERCICE.

(64 et 65). — Ton père et ta mère *ira* ou *iront* te

voir dans quelques semaines. — Vous et votre sœur *viendra*, *viendront* ou *viendrez* ici ce soir. — Votre livre et le mien *est perdu* ou *sont perdus*. — Alix et Emilie *ont bien travaillé* ou *a bien travaillé*. — C'est Lucie et Pauline qui vous *appelle* ou *appellent*. — Ce sera votre mère et moi qui *iront*, *irons* ou *irai* à la rencontre de nos amis. - *Conjuguez le verbe* chanter.

LIV.

« *Pour connaître le régime direct d'un verbe,* » *on fait après le verbe la question* qui ou quoi ; *le* » *mot que l'on obtient pour réponse est régime di-* » *rect de ce verbe. Exemple :* Pierre a frappé Paul. » — *Pierre a frappé* qui ? — *Réponse,* Paul.— Paul » *est donc ici le régime direct du verbe a* frappé. »

Dites quels sont, dans les phrases suivantes, les mots qui sont régimes directs.

(66). — Pierre a frappé Paul. — Dieu a créé l'univers. — Charlemagne aimait les belles-lettres. — La parole douce apaise la colère; la parole dure excite la fureur. — Scipion vainquit Annibal.— Suivez les bons conseils. —Craignez un Dieu vengeur.— Dieu répand ses faveurs sur les enfants vertueux. — Les mauvaises compagnies corrompent les bonnes mœurs. —Ne trompez personne. — Détestez le mensonge.— Haïssez l'hypocrisie. —Fuyez les impies. — Faites votre devoir. — *Conjuguez le verbe* être.

LV.

MÊME EXERCICE.

(66).— La prière unit l'homme à Dieu.—Je vends

des essuie-plumes. — Nous préparons une loterie.—
Elles arrangent leurs armoires. — Il a vendu sa maison. — Elle a brodé ce col.—Nous avons une âme.
— Regarde ces prairies.—Écoutons ces oiseaux. —
Elle a du courage. — Ces ouvriers réparent les chemins. -- On nous appelle. — Dieu nous voit. — Il
nous entend. — Il connaît nos pensées.— Il récompensera les bons et punira les méchants.— Elle a fait
une bonne action.— Elle vénère ses parents.— Vous
récitez vos leçons. — Elles nous ont accompagnés.
— Sophie fait un bouquet. — Pauline cueille des
fleurs.— Henriette écrit une lettre. — Elle taille son
crayon. — Votre mère vous regarde. — Cela me réjouit. — *Conjuguez le verbe* avoir.

LVI.

*Dites de chacun des verbes suivants s'il est à un
temps simple ou à un temps composé. — Exemple :*
je lis *(temps simple)* ; j'ai lu *(temps composé).*

(70 et 71). — Je lis.— J'ai lu.— Je broderai.— Tu
parles.— Vous aurez fini. —Il coud. — Nous chan-
tons. — Tu as écrit. — Que je brode. — Qu'il ait lu.
—Elle arrive. — Nous sommes revenus.— Elle par-
tait. — Nous étions arrivés. — Qu'elle aille.— Que
nous partissions. — Qu'elle ait chanté. — J'eus terminé. — Je voulus. — Nous avions arrangé. — Elle
jouerait. — Elles auraient joué. — Elles eussent
chanté. — Qu'il eût reçu. — Que vous fussiez revenus. — Travaille — Étudions. — Taisons-nous. —
(Conjuguez le verbe sauter*).*

LVII.

MÊME EXERCICE.

Hâtons-nous. —Le temps marche avec rapidité.

— Ces nuages ressemblent à des montagnes. — Il est parti ce matin. — Nous aurions fini, si nous l'avions voulu. —Si vous l'eussiez écouté, vous sauriez maintenant ce que vous désirez savoir. — Elle a perdu ses gants. — Nous partirons la semaine prochaine. — Lorsqu'elle fût entrée, je sortis à mon tour.— Tu n'as pas rempli ton devoir. — Elle a fait des progrès étonnants.—Elles sont devenues des modèles d'obéissance et d'application. — Je vous aime comme mon père m'a aimé. — Le salut qu'elle vous a fait était bien gracieux. — Cette enfant deviendra pieuse. — Elle n'a pas reçu les grâces toutes particulières que vous avez reçues. — Elle est pleine de respect pour sa vieille mère; le bon Dieu la bénira.— On m'a demandé de vos nouvelles. — Je désire que vous ayez fini ce soir. — Nous voudrions qu'elle devînt plus raisonnable et qu'elle eût des manières moins communes.

LVIII.

Dites à quelle conjugaison appartient chacun des verbes suivants : (74, 75, 76 et 77).

Etre. — Avoir. — Cuire. — Moudre.— Aimer.— Vieillir. — Semer. — Coudre. — Venir. -- Falloir. — Apprendre. — Agrafer. — Rapetisser. — Percevoir. — Adapter. —Aplatir. — Bannir. — Dire. — Ballotter.— Apercevoir.— Apprivoiser.—Bouillir.— Venir. — Anéantir. -- Attendre.— Tordre. — Baptiser. — Approfondir. — Bénir. — Maudire.—Baragouiner.—Apprécier. — Boire.— Voir. —S'asseoir. — S'attendrir. — Faire. — Se taire. — Valoir. — Cueillir. — Ravauder. — Raccommoder.—Remplir. — Réhabituer. —Resarcir *(prononcez reçarcir).*— Repriser *(fair eune reprise.)*—Ressemeler *(prononcez recemmler.)* — Traire. — Résoudre.—Reproduire. — Renchérir. — Remmailler. — Bâtir. — Valoir. — Nouer. — S'appuyer. — S'enhardir *(l'h est aspiré)*. *(Conjuguez le verbe* être *et le verbe* avoir.)

LIX.

Achevez les mots commencés. (Ce sont des verbes de la première conjugaison. — Voyez le verbe chanter*).*

INDICATIF PRÉSENT.

Maintenant je chant..., tu chant..., elle chant..., nous chant.., vous chant..., elles chant... — Maintenant je raccommod..., tu raccommod..., elle raccommod..., nous raccommod..., vous raccommod.., elles raccommod.... — Maintenant je ravaud..., tu ravaud..., elle ravaud..., nous ravaud..., vous ravaud..., elles ravaud... — Maintenant je remmaill... tu remmaill.., elle remmaill..., nous remmaill..., vous remmaill..., elles remmaill... — Maintenant je dénou..., tu dénou..., elle dénou..., nous dénou..., vous dénou..., elles dénou....

IMPARFAIT DE L'INDICATIF

Autrefois je chant.., tu chant..., elle chant..., nous chant..., vous chant..., elles chant.... — Autrefois je raccommod..., tu raccommod..., il raccommod..., nous raccommod.., vous raccommod..., ils raccommod.... — Autrefois je ravaud..., tu ravaud..., il ravaud..., nous ravaud..., vous ravaud..., ils ravaud.... — Autrefois je remmaill..., tu remmaill..., il remmaill..., nous remmaill...., vous remmaill.., ils remmaill... — Autrefois je dénou.. tu dénou..., il dénou. ... nous dénou...., vous dénou... , ils dénou.....

LX.

Achevez les mots commencés et mettez les mots qui manquent. - Voyez encore dans la grammaire le verbe chanter.

PASSÉ DÉFINI.

Hier je rapetiss..., tu rapetiss..., il rapetiss..., nous rapetiss..., vous rapetiss..., ils rapetiss.... — La semaine dernière je baptis..., tu baptis..., il baptis..., nous baptis...., vous baptis...., ils baptis..... — Avant-hier j'apprivois..., tu apprivois..., il apprivois..., nous apprivois...., vous apprivois...., ils apprivois.....

PASSÉ INDÉFINI.

Ce matin j'... rapetiss.., tu ... rapetiss.., elle ... rapetiss.., nous ..... rapetiss..., vous .... rapetiss.., elles .... rapetiss.. — Cette semaine j'... baptis.., tu ... baptis.., elle ... baptis.., nous ..... baptis.., vous .... baptis.., elles ... baptis...— Hier j'... apprivois... tu ... apprivois.., elle ... apprivois.., nous ..... apprivois.., vous .... apprivois.., elles .... apprivois..

PASSÉ ANTÉRIEUR.

J'... rapetiss.., tu ... rapetiss.., il ... rapetiss..., nous .... rapetiss.., vous .... rapetiss.., ils ..... rapetiss... -- J'... baptis.., tu ... baptis.., il ... baptis.., nous ... baptis.., vous .... baptis ., ils ... baptis... -- J'... apprivois.., tu ... apprivois.., il ... apprivois..., nous ..... apprivois.., vous .... apprivois.., elles ..... apprivois..

LXI.

Conjuguez les cinq premiers temps des verbes : Aimer . agrafer , adapter , divulguer et déchaîner.

LXII.

Conjuguez les cinq premiers temps des verbes Conjuguer. *analyser, tricoter, captiver, recouvrer et alléger*

LXIII.

Achevez les mots commencés et mettez les mots qui manquent. - Voyez dans la grammaire le verbe chanter.

PLUS-QUE-PARFAIT DE L'INDICATIF.

J'.... ballott.., tu ..... ballott.., il ..... ballott.., nous ...... ballott.., vous ..... ballott.., ils .... ballott... — J'.... appréci.., tu ..... appréci.., il ..... appréci.., nous .. ...appréci.., vous..... appréci..,ils...; appréci... — J'.... agré.., tu ..... agré.., il ..... agré.., nous ...... agré .., vous ..... agré.., ils .... agré..

FUTUR SIMPLE.

Je ballott..., tu ballott...., elle ballott..., nous ballott.., vous ballott...., elles ballott.... — J'appréci..., tu appréci..., elle appréci..., nous appréci...., vous appréci.., elles appréci... — J'agré.., tu agré..., elle agré..., nous agré..., vous agré... elles agré..,...

FUTUR ANTÉRIEUR.
OU
FUTUR PASSÉ.

J'..... ballott.., tu ..... ballott.., il ..... ballott.., nous .... ballott.., vous ... ballott.., ils ... ballott..., -- J'.... appréci.., tu ... appréci.., il ... appréci..;

nous .... appréci.., vous .... appréci.., ils ...appréci..
-- J'..... agré.., tu ..... agré.., il ..... agré.., nous
...... agré.., vous .... agré.., ils ..... agré.

LXIV.

Conjuguez les huit premiers temps des verbes :
Chiffonner, froisser, chicaner et aider.

LXV.

Conjuguez les huit premiers temps des verbes :
Composer, former, décaisser et embourrer.

LXVI.

*Achevez les mots commencés et mettez les mots
qui manquent : —* Voyez dans la grammaire le verbe
chanter.

PRÉSENT DU CONDITIONNEL.

J'éprouv....., tu éprouv....., il éprouv....., nous
éprouv......, vous éprouv....., ils éprouv........ —
J'épuis....., tu épuis....., il épuis....., nous épuis-
s......, vous épuis....., ils épuis........ — Je manqu....., tu manqu...., il manqu...., nous manqu......, vous manqu....., ils manqu........

PASSÉ DU CONDITIONNEL
OU
CONDITIONNEL PASSÉ.

J'...... éprouv., tu .... éprouv., on ... éprou-
v., nous .... éprouv., vous .... éprouv..,
ils .... éprouv... — J'. ... épuis.., tu ..... épui-

s.., il ..... épuis.., nous .... épuis.., vous .... épuis.., ils ...... épuis... — J' .... manqu.., tu ...... manqu.., il ...... manqu.., nous .... manqu.., vous ...... manqu.., ils ...... manqu..

LXVII.

Conjuguez les dix premiers temps des verbes : Parler, pousser et quitter.

LXVIII.

Conjuguez les dix premiers temps des verbes : Secouer, raser et sacrifier.

LXIX.

Achevez les mots commencés et mettez les mots qui manquent. — Voyez dans la grammaire le verbe *chanter.*

2ᵉ CONDITIONNEL PASSÉ

OU

2ᵉ PASSÉ DU CONDITIONNEL.

J'..... gaspill.., tu ..... gaspill.., elle ..... gaspill.., nous .... gaspill.., vous ...... gaspill.., elles .... gaspill... — J'..... exauc.., tu ..... exauc., elle ...... exauc..., nous .... exauc.., vous .... exauc.., elles .... exauc.. — J'..... exhauss.., tu ...... exhauss.., elle ...... exhauss.., nous .... exhauss.., vous ...... exhauss.., elles .... exhauss..

IMPÉRATIF.

Gaspille, gaspillons, gaspillez *(il est inutile de*

mettre qu'il gaspille, qu'ils gaspillent). — Exauc..,
exauc..., exauc.. — Exhauss.., exhauss..., exhauss... — Gazouill.., gazouill..., gazouill... —
Dessin.., dessin..., dessin...

PRÉSENT ET FUTUR DU SUBJONCTIF

ou

SUBJONCTIF PRÉSENT ET SUBJONCTIF FUTUR.

Que je gaspill.., que tu gaspill.., qu'il gaspill.., que nous gaspill...., que vous gaspill...,
qu'ils gaspill.... — Que j'exauc.., que tu exauc..,
qu'il exauc.., que nous exauc ..., que vous exau-
c..., qu'ils exauc.... — Que j'exhauss.., que tu
exhauss..., qu'elle exhauss.., que nous exhaus-
s...., que vous exhauss.... qu'elles exhauss...

LXX.

Achevez les mots commencés. — Voyez dans la
grammaire le verbe *chanter.*

IMPÉRATIF.

Cit.., cit..., cit... — Désoss.., désoss..., désoss... — Festonn.., festonn .., festonn...—Gât..,
gât..., gât... — Galonn.., galonn.., galonn....
— Ferr.., ferr..., ferr...

SUBJONCTIF PRÉSENT ET FUTUR.

Que je cit.., que tu cit.., qu'il cit.., que nous
cit...., que vous cit..., qu'ils cit .. — Que je
désoss.., que tu désoss.., qu'elle désoss.., que
nous désoss...., que vous désoss..., qu'elles désoss.... — Que je festonn.., que tu festonn..,
qu'elle festonn.., que nous festonn...., que vous
festonn..., qu'elles festonn.... — Que je gât..,

que tu gât.., qu'il gât.., que nous gât..., que
vous gât..., qu'ils gât.... — Que je galonn.., que
tu galonn.., qu'il galonn.., que nous galonn....,
que vous galonn..., qu'ils galonn.... — Que je
ferr. , que tu ferr.. , qu'il ferr. , que nous ferr....,
que vous ferr.. , qu'ils ferr...

LXXI.

Conjuguez les treize premiers temps des verbes :
Galoper, débarrasser et colorer.

LXXII.

Conjuguez les treize premiers temps des verbes :
Colorier , débarquer et filer.

LXXIII.

*Achevez les mots commencés et mettez les mots
qui manquent. — Voyez dans la grammaire le
verbe* chanter.

IMPARFAIT DU SUBJONCTIF.

Que je défil.... , que tu défil..... , qu'elle défil.. , que nous défil..... , que vous défil...... ,
qu'elles défil...... — Que je désapprouv.... , que
tu désapprouv..... , qu'elle désapprouv.. , que nous
désapprouv...... , que vous désapprouv...... , qu'ils
désapprouv...... — Que je cir... , que tu cir...,
qu'il cir.. , que nous cir...... , que vous cir......,
qu'ils cir...... — Que je travaill.... , que tu travaill..... , qu'il travaill... , que nous travaill......,
que vous travaill....... , qu'ils travaill......

PASSÉ DU SUBJONCTIF.

Que j'... défil., que tu ... défil., qu'il ..
défil., que nous ..... défil., que vous .... défil..
qu'ils ..... défil.. - Que j'... désapprouv., que
tu .... désapprouv., qu'il ... désapprouv., que
nous ..... désapprouv., que vous .... désapprouv.,
qu'ils ..... désapprouv.. - Que j'... cir., que tu ....
cir., qu'il .. cir.., que nous ... cir., que vous ... cir.,
qu'ils ..... cir.. - Que j'... travaill. , que tu ....
travaill., qu'il ... travaill., que nous .... travaill., que vous .... travaill. qu'ils ... travaill..

LXXIV.

Conjuguez les quinze premiers temps des verbes :
Circuler et brosser.

LXXV.

Conjuguez les quinze premiers temps des verbes:
Aborder et avouer.

LXXVI.

Achevez les mots commencés et mettez les mots
qui manquent. - Voyez dans la grammaire le verbe
chanter.

PLUS-QUE-PARFAIT DU SUBJONCTIF.

Que j'.... ballott., que tu ...... ballott.,
qu'il .... ballott., que nous .... ballott., que
vous ...,... ballott., qu'ils ...... ballott. - Que
j'..... pri., que tu ...... pri.., qu'il .... pri.. ,

que nous . ... pri.., que vous ...... pri.., qu'ils
.... pri...

PRÉSENT DE L'INFINITIF,

Ballott..., pri .., travaill.., abord.., circui..,
avou.., appréhend.., repris.., remmaill.., raccommod.., déshabitu.., agraf.., approvisionn... ,
adapt.., baragouin.., apetiss.., gaspill.., étu-
di.., cir...

PASSÉ DE L'INFINITIF.

..... baragouin.., ... agraf.., ... remmaill., ... habitu.., ... repris.., ... ai-
d...

PARTICIPE PRÉSENT.

Ballott..., pri..., travaill..., abord..., circu-
l..., avou..., appréhend..., repris..., remmail-
l..., raccommod...,déshabitu..., agraf..., approvisionn.., adapt..., adopt...,baragouin...,cir....

PARTICIPE PASSÉ

Baragouin.., ballott ., remmaill.., cir.., aid.., repris.., tricot.., avou.., déshabill.., déshabitu.., raccommod.., débarrass.., exhauss.., gazouill...

LXXVII.

Conjuguez en entier les verbes : Louer, approu-
ver et aider.

LXXVIII.

Conjuguez en entier les verbes : Conjuguer ,
prier et lier.

LXXIX.

*Dites à quelle personne et à quel temps est cha-
cun des verbes suivants. — Exemple : J'avais (première personne du singulier de l'imparfait de l'indicatif).*

J'avais. — Tu auras. — Ils auront. — Nous aurons eu. — Ils eussent eu. — Qu'ils eussent eu. —
Ils eurent eu. — Qu'elle eût eu. — Il eût eu. — Elle
eût avoué. — Être. — Avoir eu. — Chantant. —
Nous eûmes débarrassé. — Tu as raccommodé. —
Vous aviez remmaillé. — Elles ballotteront. — Que
tu chantasses. — Qu'elle eût. — Que nous fassions.
— Que tu aies eu. — Que j'aie. — Joue. — Travaillons. — Nous étudions. — Vous marquiez. — Elle
cirerait. — J'eusse avancé. — Que je fusse. — Qu'elle
soit. — Nous sommes. — Nous avons. — Soyez. —
Aie. — Tu seras. — Elle aura aidé. — Vous auriez
achevé. — Nous serions. — Vous aimiez. — Elles
ciraient. — Conjuguez le verbe : *avoir chaud* (chaud
est *ici* adverbe et par conséquent il ne prend jamais
s ni e , il reste invariable).

LXXX.

*Indiquez tous les verbes que vous trouvez dans
l'exercice suivant ; faites après chaque phrase l'interrogation pour connaître le sujet ou les sujets
de chacun de ces verbes ; nommez tous ces sujets
et dites à quelle personne , à quel nombre et à quel
temps est chacun de ces verbes. — Exemple : Elle
chante une romance. Chanter est un verbe. Qui est-
ce qui chante? Elle. Elle est le sujet du verbe chanter
Ce verbe ayant pour sujet un pronom personnel de la
3e personne du singulier est aussi de la 3e personne du singulier, et il est au présent de l'indicatif.*

Elle chante une romance. — Ma sœur fait une bourse. — Tu as perdu ma confiance. — J'aimerai toujours la vérité. — David chantait des hymnes à la gloire de Dieu, et il accompagnait sa voix du son de la harpe. — Tous les différents objets que la nature présente à nos regards étaient pour lui des sujets d'édification et d'instruction. — On entend partout des cris de joie et des chants d'allégresse. — Toutes les tentatives de Saül avaient été inutiles. — Ils prirent la lance et la coupe de Saül et s'éloignèrent. — Comme votre vie a été aujourd'hui précieuse à mes yeux, de même la mienne sera précieuse aux yeux du Seigneur; il me sauvera de toutes mes afflictions. — Quelque temps après, Saül perdit une grande bataille contre les Philistins. — Esaü et Jacob ensevelirent leur père. — Le stupide empereur déshérita son fils Britannicus.

LXXXI.

MÊME EXERCICE.

Une nuit Samuël dormait paisiblement dans le tabernacle où était renfermée l'arche d'alliance. — Le châtiment que Dieu fit annoncer aux deux fils d'Héli est un terrible avertissement pour tous les enfants indociles. — Je ne vous ai point appelé; retournez à votre lit, et dormez. — Si vous ne vous cachiez pas de vos bienfaits, vous auriez eu plus tôt mon remercîment. — Votre tante ne pouvait croire que vous eussiez fait tant de progrès. — Auriez-vous cru que votre sœur voulût vous suivre en Allemagne? — J'avais acheté des scorsonères, des raiponces, des raiforts, des artichauts et des radis.

LXXXII.

Indiquez tous les verbes qui se trouvent dans les

55

phrases suivantes et nommez aussi les sujets et les régimes de ces différents verbes. Exemple : Elle tricote des bas. Tricote *est un verbe :* Qui est-ce qui tricote ? *Réponse :* Elle. Elle *est ici le* sujet *du verbe* tricoter. Elle tricote quoi ? *Réponse :* Des bas. Bas *est le* régime direct *du même verbe* tricoter.

Elle tricote des bas. — Balthazar profana les vases sacrés. — A l'instant on vit paraître une main qui écrivait sur la muraille. — Le peuple imita le prince. — Les Philistins firent un dernier effort. — Comment savez-vous tout cela ? — Dieu nous voit. — Dieu nous regarde. — Dieu nous parlera. — Cette désobéissance irrita le Seigneur. — Je perdrai l'homme que j'ai créé. — Dieu récompensera les bons et il punira les méchants. — Dès que cet homme aperçut David, il se prosterna devant lui. — Saül m'a appelé. — Rendez-moi un service. — Judas Machabée reprit la ville. — Ces nouvelles consternèrent le général Syrien. — Une femme juive empoisonna une épaule de mouton qu'elle servit à Mahomet.

LXXXIII.

MÊME EXERCICE.

Il demandait du pain. — Votre sœur a chanté une romance charmante. — Nous étudierons nos leçons tantôt ; maintenant nous faisons une analyse grammaticale. — Cette enfant aime beaucoup le bon Dieu. — Je vous vois, je vous entends, mais vous ne me voyez pas. — Mon fils, regardez le Ciel ; ne craignez pas la mort, mais craignez le péché. — Dieu fortifia le courage de Gédéon et de sa troupe. — Seigneur, sauvez-nous. — Nous devons travailler. — Vous accompagnerez votre tante.

LXXXIV.

Voyez le verbe finir *et achevez ensuite tous les mots commencés qui se trouvent dans l'exercice suivant.*

PRÉSENT DE L'INDICATIF.

Dans ce moment-ci je resarc.., tu resarc.., elle resarc.., nous resarc..., vous resarc.., elles resarc... - Maintenant je rétréc.., tu rétréc.., elle rétréc.., nous rétréc..., vous rétréc..., elles rétréc..., - A présent j'obé..., tu obé..., il obé..., nous obé..., vous obé..., ils obé... - Maintenant je ressais..., tu ressais..., il ressais..., nous ressais..., vous ressais..., ils ressais.... - A présent je sal. , tu sal.., il sal..., nous sal.., vous sal.., ils sal... - Maintenant j'applaud.., tu applaud.., il applaud.., nous applaud..., vous applaud.... ils applaud... - Dans ce moment j'élarg.., tu élarg.., il élarg.., nous élarg..., vous élarg..., ils élarg... - Maintenant j'accompl.., tu accompl.., il accompl.., nous accompl..., vous accompl.., ils accompl...

IMPARFAIT DE L'INDICATIF.

Autrefois je bât.., tu bât.., il bât... nous bât.., vous bât..., ils bât... - Autrefois je nourr.., tu nourr.., il nourr.., nous nourr.., vous nourr..., ils nourr... - Autrefois je rempl.., tu rempl.., il rempl.., nous rempl.., vous rempl.., ils rempl... - Autrefois je fourn.., tu fourn.., il fourn.., nous fourn.., vous fourn.., elles fourn... - Autrefois j'établ.., tu établ.., il établ.., nous établ.., vous établ.., ils établ... - Autrefois je divert.., tu divert.. il divert.., nous divert.., vous divert.., ils divert... - Autrefois je grav.., tu grav.., il grav.., nous grav. .,

vous grav.., ils grav... - Autrefois je désobé.., tu
désobé.., il désobé., nous désobé.., vous désobé...,
ils désobé... - Autrefois je langu.., tu langu.., il
langu.., nous langu.., vous langu ., ils langu...

LXXXV.

*Nommez-nous tous les verbes dont vous avez
conjugué le présent de l'indicatif ou l'imparfait
dans l'exercice précédent. - Achevez les mots
commencés dans l'exercice suivant. (Ce sont tous
des verbes qui se conjuguent comme le verbe* finir.)

PASSÉ DÉFINI.

Hier j'invest.., tu invest.., il invest.., nous invest..., vous invest.., ils invest... - La semaine dernière je chois.., tu chois.., il chois.., nous chois...,
vous chois..., ils chois... - Avant-hier j'éclaire.., tu
éclaire.., il éclaire..., nous éclaire..., vous éclaire...,
ils éclaire... -- Le mois dernier je guér.., tu
guér.., il guér.., nous guér..., vous guér..., ils guér...
- La semaine dernière je démol.., tu démol.., il
démol.., nous démol..., vous démol..., ils démol...
- Je pun.., tu pun.., il pun.., nous pun.., vous
pun.., ils pun... - J'affaibl.., tu affaibl.., il affaibl..,
nous affaibl.., vous affaibl.., ils affaibl... - Je garant.., tu garant.., il garant.., nous garant.., vous
garant.., ils garant... - Je trah.., tu trah.., il trah...
nous trah.., vous trah.., ils trah... - *Nommez
maintenant tous les verbes dont vous venez de conjuguer le passé défini et conjuguez ensuite le passé
indéfini et le passé antérieur des mêmes verbes.*

LXXXVI.

Conjuguez les cinq premiers temps des verbes :
Assouvir, étourdir, aigrir, approfondir et tarir.

LXXXVII.

Conjuguez les six premiers temps des verbes :
Rajeunir, fléchir, engloutir et pétrir.

LXXXVIII.

*Achevez les verbes commencés. (Ce sont encore
des verbes qui se conjuguent comme le verbe* finir.)

FUTUR SIMPLE.

Demain j'invest.., tu invest.., il invest.., nous invest..,vous invest..,ils invest... - Tantôt je rempl..,tu
rempl.., il rempl.., nous rempl.., vous rempl... ils
rempl... - Ce soir je resarc.., tu resarc.., il resarc..,
nous resarc.., vous resarc.., ils resarc... - Je pétr..,
tu pétr.., il pétr... nous pétr.., vous pétr.., ils pétr...
- Je rétréc.., tu rétréc.., il rétréc.., nous rétréc..,
vous rétréc.., ils rétréc... - Je ressais.., tu ressais..,
il ressais.., nous ressais.., vous ressais.., ils ressais...
- Je chois.., tu chois.., il chois.., nous chois.., vous
chois.., ils chois... - J'éclaire.., tu éclaire.., il
éclaire.., nous éclaire.., vous éclaire.., ils éclaire... -
Je grav.., tu grav.., il grav.., nous grav.., vous
grav.., ils grav... - *Nommez tous les verbes dont
vous venez de conjuguer le futur simple et conjuguez ensuite le futur antérieur des mêmes verbes.*

LXXXIX.

Conjuguez les huit premiers temps des verbes
Démolir, trahir et garantir.

XC.

Conjuguez les huit premiers temps des verbes :
Garantir, divertir et établir.

XCI.

Conjuguez les huit premiers temps des verbes :
Choisir, fournir et affaiblir.

XCII.

*Achevez les mots commencés. (Ce sont encore
des verbes qui se conjuguent comme le verbe* finir).

CONDITIONNEL PRÉSENT.

J'assouv.., tu assouv.., il assouv.., nous assouv..,
vous assouv.., ils assouv... - J'étourd.., tu étourd..,
il étourd.., nous étourd.., vous étourd.., ils étourd...
- J'aigr.., tu aigr.., il aigr.., nous aigr .., vous aigr..,
ils aigr... - J'approfond.., tu approfond.., il approfond.., nous approfond.., vous approfond.., ils
approfond... - Je rajeun.., tu rajeun.., il rajeun..,
nous rajeun.., vous rajeun.., ils rajeun... - J'établ..,
tu établ .,il établ..,nous établ..,vous établ..,ils établ..
-Je fourn.., tu fourn..,il fourn..,nous fourn..., vous
fourn.., ils fourn... - *Nommez tous les verbes dont
vous venez de conjuguer le présent du conditionnel
et conjuguez ensuite les deux passés du conditionnel des mêmes verbes.*

XCIII.

Conjuguez les onze premiers temps des verbes :
Avilir, flétrir et rougir.

XCIV.

Conjuguez les onze premiers temps des verbes :
Endurcir, abolir et appauvrir.

LXXXV.

Achevez les mots commencés. (Ce sont encore des verbes qui se conjuguent comme le verbe finir.)

IMPÉRATIF

Assouvis, assouvissons, assouvissez. (*Il est inutile de mettre* qu'il assouvisse, qu'ils assouvissent.) - Étourd., étourd.., étourd... - Aigr.., aigr.., aigr... - Approfond.., approfond.., approfond... - Rajeun.., rajeun.., rajeun... - Établ.., établ.., établ... - Fourn.., fourn.., fourn... - Affaibl.., affaibl.., affaibl...

SUBJONCTIF PRÉSENT ET FUTUR
OU
PRÉSENT ET FUTUR DU SUBJONCTIF.

Que j'assouv.., que tu assouv.., qu'il assouv.., que nous assouv.., que vous assouv.., qu'ils assouv... - Que j'étourd..,, que tu étourd.., qu'il étourd.., que nous étourd.., que vous étourd.., qu'ils étourd... - Que j'aigr.., que tu aigr.., qu'il aigr.., que nous aigr., que vous aigr.., qu'ils aigr... - Que j'approfond.., que tu approfond.., qu'il approfond.., que nous approfond.., que vous approfond.., qu'ils approfond... - Que je rajeun.., que tu rajeun.., qu'il rajeun.., que nous rajeun.., que vous rajeun.., qu'ils rajeun... - Que j'établ.., que tu établ.., qu'il établ.., que nous établ.., que vous établ., qu'ils établ.. -

Que je fourn.., que tu fourn., qu'il fourn.., que nous
fourn.., que vous fourn.., qu'ils fourn... - Que
j'affaibl.., que tu affaibl.., qu'il affaibl.., que nous
affaibl.., que vous affaibl.., qu'ils affaibl...

XCVI.

Conjuguez les treize premiers temps des verbes :
Gravir, arrondir et éclaircir.

XCVII.

Conjuguez les treize premiers temps des verbes :
Choisir, réunir et ressaisir.

XCVIII.

*Achevez les mots commencés. (Ce sont encore
des verbes qui se conjuguent comme le verbe* finir).

IMPARFAIT DU SUBJONCTIF.

Que je ressais.., que tu ressais.., qu'il ressais..,
que nous ressais.., que vous ressais.., qu'ils ressais..,
- Que je réun.., que tu réun.., qu'il réun.., que
nous réun.., que vous réun.., qu'ils réun... - Que je
chois.., que tu chois.., qu'il chois.., que nous chois...
que vous chois.., qu'ils chois... - Que je grav.., que
tu grav.., qu'il grav.., que nous grav.., que vous
grav.., qu'ils grav... - Que j'éclairc.., que tu éclairc..,
qu'il éclairc.., que nous éclairc.., que vous éclairc..,
qu'ils éclairc... - Que j'arrond.., que tu arrond..,
qu'il arrond.., que nous arrond.., que vous arrond..,
qu'ils arrond... - Que j'appauvr.., que tu appauvr..,
qu'il appauvr.., que nous appauvr.., que vous ap-

4

pauvr.., qu'ils appauvr... - Que j'abol.., que tu abol.., qu'il abol.., que nous abol.., que vous abol.., qu'ils abol... - *Nommez les verbes dont vous venez de conjuguer l'imparfait du subjonctif, et conjuguez le passé et le plus-que-parfait du subjonctif des mêmes verbes.*

XCIX.

Achevez les mots commencés. (Ce sont encore des verbes de la deuxième conjugaison qui se conjuguent comme le verbe finir.)

PRÉSENT DE L'INFINITIF.

Invest.. - Guér.. - Langu.. - Bât.. - Bleu... - Pun.. - Rempl.. - Nourr.. - Obé.. - Accompl.. - Désobé.. - Applaud.. - Sal.. - Resarc.. - Tar.. - Garn.. - Pétr.. - Rétrée.. - Ressais.. - Réun... - Chois... - Eclaire... - Arrond.. - Grav.. - Appauvr.. - Abol.. - Démol.. - Garant.. - Endurc.. - Trah.. - Roug.. - Flétr.. - Avil.. - Divert.. - Englout.. - Fléch.. - Affaibl.. - Fourn.. - Etabl.. - Rajeun.. - Approfond.. - Aigr.. - Etourd.. - Assouv...

Ecrivez le participe présent et le participe passé des mêmes verbes.

C.

Conjuguez en entier les verbes : Jaunir, avertir et rôtir

CI.

Conjuguez en entier les verbes : Pâlir, saisir et bleuir.

CII.

Conjuguez en entier les verbes : Blanchir, ensevelir et bannir.

CIII.

Voyez le verbe recevoir *et achevez ensuite tous les mots commencés qui se trouvent dans l'exercice suivant :*

INDICATIF PRÉSENT

ou

PRÉSENT DE L'INDICATIF.

Je perç., tu perç.., il perç.., nous perc.., vous perc.., ils perç.. - Je d.., tu d.., il d.., nous d., vous d.. ils d... - J'aperç.., tu aper-, ç.., il aperç.., nous aperc.., vous aperc..., ils aperç...

IMPARFAIT DE L'INDICATIF.

Je perc..., tu perc..., il perc..., nous perc..., vous perc..., ils perc·... - Je d..., tu d..., il d..., nous d..., vous d..., ils d.... - J'aperc..., tu aperc..., il aperc..., nous aperc..., vous aperc..., ils aperc....

PASSÉ DÉFINI.

Je perç.., tu perç.., il perç.., nous perç.., vous perç.., ils perç... - Je d.., tu d.., il d.., nous d.., vous d..., ils d.., - J'aperç.., tu aperç.., il aperç.., nous aperç..., vous aperç..., ils aperç...

Conjuguez le passé indéfini, le passé antérieur et le plus-que-parfait de l'indicatif des mêmes verbes.

CIV.

Achevez les mots commencés. (Ce sont encore des verbes qui se conjuguent comme le verbe recevoir.)

FUTUR SIMPLE.

Je perc.., tu perc.., il perc.., nous perc..., vous perc..., ils perc.., - J'aperc.., tu aperc.., il aperc.., nous aperc.., vous aperc.., ils aperc.. - Je d.., tu d.., il d. , nous d.., vous d.., ils d... — *Conjuguez le futur antérieur des mêmes verbes.*

CONDITIONNEL PRÉSENT

ou

PRÉSENT DU CONDITIONNEL.

Je perc.., tu perc.., il perc..., nous perc.., vous perc.., ils perc.., - Je d.., tu d.., il d.., nous d.., vous d.., ils d.., - J'aperc.., tu aperc.. il aperc.., nous aperc.., vous aperc.., ils aperc... — *Conjuguez les deux passés du conditionnel des mêmes verbes.*

IMPÉRATIF.

Aperç.., aperc.., aperc.., - Perç..,perc.., perc.., - Conç.., conc.., conc...

CV.

Achevez les mots commencés. (Ce sont des verbes qui se conjuguent comme le verbe recevoir.)

SUBJONCTIF PRÉSENT ET FUTUR
ou
PRÉSENT ET FUTUR DU SUBJONCTIF,

Que j'aperç.., que tu aperç.., qu'il aperç.., que
nous aperc.., que vous aperc.., qu'ils aperç.., -
Que je perç.., que tu perç.., qu'il perç.., que nous
perc.., que vous perc.., qu'ils perç.., - Que je
d.., que tu d.., qu'il d.., que nous d.., que vous
d.., qu'ils d.., — *Conjuguez l'imparfait, le passé
et le plus-que-parfait du subjonctif des mêmes
verbes.*

PRÉSENT DE L'INFINITIF,

Perc.., - Aperc.., - Conc.., - D.., - Red..
- Déc.., - Rec.., — *Ecrivez le participe présent
et le participe passé des mêmes verbes.*

CVI.

Conjuguez en entier les verbes : Recevoir et
décevoir,

CVII,

Conjuguez en entier les verbes : Devoir et
apercevoir.

CVIII.

Conjuguez en entier les verbes, Redevoir et concevoir.

CIX.

Conjuguéz en entier les verbes : Percevoir et
avoir chaud. —(*Chaud* est ici un *adverbe)*

4.

CX.

Achevez les mots commencés. (Ce sont des verbes qui se conjuguent comme le verbe rendre.)

INDICATIF PRÉSENT

ou

PRÉSENT DE L'INDICATIF,

Je défen.., tu défen.., il défen.., nous défen... vous défen...,ils défen.., - Je pen.., tu pen.., il pen.., nous pen.., vous pen.., ils pen... - J'éten.., tu éten..,, il éten.., nous éten, vous..., éten.., ils éten... - Je mor...,tu mor.. , il mor.., nous mor.., vous mor.., ils mor... - Je per.., tu per.., il per.., nous per.., vous per.., ils per..,- *Conjuguez l'imparfait de l'indicatif, le passé défini, le passé indéfini et le passé antérieur des mêmes verbes.*

CXI.

Conjuguez le plus-que-parfait de l'indicatif, le futur simple, le futur antérieur et le présent du conditionnel des verbes : Défendre, pendre, étendre, mordre et vendre. (*Ils se conjuguent comme le verbe* rendre.)

CXII.

Conjuguez les deux passés du conditionnel, l'impératif et le présent du subjonctif des verbes : Défendre, pendre, étendre, mordre et perdre.

CXIII.

Conjuguez les derniers temps des verbes in-

diqués dans l'exercice précédent, à partir de l'imparfait du subjonctif.

CXIV.

Conjuguez en entier les verbes : Répandre, tondre *et* être satisfait (*au féminin tous les trois*).

CXV.

Conjuguez en entier les verbes ; Tordre, descendre *et* être expéditif (*au masculin tous les trois. —* Expéditif *est un* adj. qualificatif.)

CXVI.

Conjuguez en entier les verbes : Comprendre, attendre *et* entendre.

RÉCAPITULATION SUR LA CONJUGAISON DES VERBES RÉGULIERS ET DES VERBES *avoir* et *être.*

CXVII.

Conjuguez en entier les verbes : Embarrasser, engourdir *et* avoir froid (*au féminin tous les trois. —* Froid *est ici* adverbe).

CXVIII.

Conjuguez en entier et au masculin les verbes : Emprisonner, munir *et* être heureux. (Heureux *est un* adj.)

CXIX.

Conjuguez en entier et au féminin les verbes :
Être paresseux, recevoir et prétendre : — (*Paresseux*
est un *Adjectif*)

CXX.

*Conjuguez au féminin tous les temps de l'in-
dicatif des verbes :* Apprendre, décevoir, être
actif, et enrichir. — (*Actif* est un *Adjectif*).

CXXI.

*Conjuguez au masculin tous les temps du sub-
jonctif des verbes :* Dédaigner, embellir, avoir, être
et désapprendre.

CXXII.

*Conjuguez au féminin les trois temps du con-
ditionnel des verbes :* Resarcir, remmailler, apercevoir, revendre, être pensif, être juste et être gai.
— (*Pensif, juste* et *gai* sont des *Adjectifs*).

DES DIFFÉRENTES ESPÈCES DE VERBES.

CXXIII.

*Dites si les verbes des phrases suivantes sont
ou actifs, ou passifs, ou neutres, ou pronominaux, ou impersonnels. Exemple :* David a chanté
les miséricordes de Dieu. A chanté, *verbe actif, parce qu'on peut dire,* chanter quelque chose.

(Gramm. p 26.)—David a chanté les miséricordes de Dieu. — Etudiez votre leçon.—Il a été récompensé.— Ils ont couru.—J'estime un enfant vertueux.—Prenez une chaise. — Ne mentez jamais. — Il grêle. — Vainquons nos passions. — L'ennemi sera vaincu. — Nous remporterons la victoire si nous nous confions en Dieu par-dessus tout. — Nous partirons ensemble. — Mon frère arrivera demain. — Votre tante dort. — Nous prévoyons le danger. — Mon âme soupire après vous, ô mon Dieu! — La franchise me plaît. — L'hypocrisie me déplaît. — Nous nous repentons de nos fautes. — Secourons les malheureux. — Venez avec nous. — Nous allons à Jérusalem. — Il a plu la nuit dernière. — Il faut se réjouir du bien qui arrive à autrui. — Un enfant sage est aimé de tout le monde. — Il importe que vous fassiez bien votre devoir.

CXXIV.

MÊME EXERCICE.

Prions Dieu le matin : il bénira notre journée. — Servons le Seigneur et nous règnerons un jour avec lui. — Il faut chérir ses parents : Dieu l'ordonne. — Jésus-Christ a souffert pour tous les hommes. — Je veux faire mon devoir. — Il ne faut jamais se vanter. — Ma sœur s'est blessée — Fuyez les libertins, les fats et les pédants; choisissez vos amis, voyez d'honnêtes gens. — Quand il tonne, les méchants tremblent. — Les enfants d'Israël furent donc établis dans le beau pays de Chanaan ; mais bientôt ils oublièrent les bienfaits de Dieu, et péchèrent encore devant le Seigneur. — Naaman s'apaisa ; il réprima son orgueil, alla se baigner sept fois dans le Jourdain et il fut guéri. — Il faut me jeter dans la mer, dit Jonas. — Dans la défaillance extrême où mon âme a été réduite, je me suis souvenu de vous, Seigneur, et ma prière est montée jusqu'à vous.

CXXV.

MÊME EXERCICE.

Job craignait Dieu, et le servait dans toute la droiture de son cœur. - Le démon demanda à Dieu la permission de frapper Job dans sa personne. Il l'obtint, et aussitôt Job fut couvert d'une plaie effroyable qui s'étendait de la tête aux pieds. - Il faut considérer la religion comme une grande faveur que Dieu nous a faite. - Un Philistin d'une taille et d'une force prodigieuses, insultait chaque jour les Israélites et les défiait au combat. Ce Philistin s'appelait Goliath. - Je mettrai sur votre trône un fils qui sortira de vous. - Salomon monta sur le trône et régna en paix sur ses ennemis vaincus. - La gloire de bâtir le temple fut réservée à Salomon. - Le prophète Isaïe fut scié en deux par les ordres du roi Manassès, à qui il avait reproché ses impiétés. - Allez-vous à Marseille? - Mahomet s'enfuit dans la ville d'Yatrippa, qui fut nommée depuis Médine. - Les Arabes s'emparèrent de l'Espagne et ils s'avancèrent dans le cœur de la France; mais Charles Martel, duc des Français, les écrasa dans une grande bataille. - Il y a une grande partie des catholiques qui suivent les cérémonies religieuses en langue grecque; on les appelle les catholiques grecs. - Il y a des endroits près de la mer, qu'on a disposés par des travaux, afin d'y recevoir les vaisseaux pour les charger de marchandises ou les décharger: ces endroits s'appellent ports.

CXXVI.

MÊME EXERCICE.

Quand Hérode fut mort, un ange apparut en songe

à saint Joseph qui était toujours en Egypte. - Le colosse de Rhodes fut renversé par un tremblement de terre. - Le temple de Diane se trouvait dans la ville d'Ephèse. Ce temple avait été bâti aux frais de tous les peuples de l'Asie Mineure. - Daniel avait déjà été jeté une fois dans la fosse aux lions, et il y était resté sept jours, sans que les lions lui fissent aucun mal. Dieu avait fait un miracle pour sauver Daniel. - A-t-il tonné à Douai? - Que demandez-vous? - Il fait froid. - Homère vivait vers le temps de Roboam. - Après plusieurs années Jacob retourna dans son pays.- Puisque j'ai commencé, dit Abraham, je parlerai encore à mon Seigneur, quoique je ne sois que cendre et poussière. - Melchisédech est regardé comme une figure du Messie. - Lorsque, pour obéir à Dieu, Abraham s'en alla de la ville de Haran, il emmena avec lui un fils de son frère. - Sortez de votre pays et venez dans la terre que je vous montrerai, dit Dieu à Abraham. - Le faux Dieu des Indiens se nomme Brama. - Caïn et son fils Enoch bâtirent la première ville, qui fut nommée Enochia. - Caïn mourut dans l'impénitence. - Quand Adam eut mangé le fruit de l'arbre de la science du bien et du mal, il sentit qu'il avait péché, et il se cacha pour éviter la présence de Dieu. - Quand écriras-tu à ta mère? - Adam et Eve désobéirent à Dieu.

CXXVII.

Conjuguez en entier et au féminin les verbes: Etre récompensé et être puni.

CXXVIII.

Conjuguez en entier et au masculin les verbes: Etre aperçu et être entendu.

CXXIX.

Conjuguez en entier et au féminin les verbes :
Etre pris et être attendu.

CXXX.

Conjuguez en entier et au masculin les verbes :
Etre pauvre et être accompagné. — (*Pauvre* est un *Adjectif*).

CXXXI.

Conjuguez en entier et au féminin les verbes :
Tomber et marcher. (*Le premier se conjugue avec l'auxiliaire* être *et le second avec l'auxiliaire* avoir.)

CXXXII.

Conjuguez en entier et au masculin les verbes :
Languir et arriver. *Le premier se conjugue avec l'auxiliaire* avoir *et le deuxième avec l'auxiliaire* être.

CXXXIII.

Conjuguez en entier et au féminin les verbes :
Jouir et entrer. *Le premier se conjugue avec* avoir *et le deuxième avec* être.

CXXXIV.

Conjuguez en entier et au féminin les verbes :
Se flatter et se réjouir.

CXXXV.

Conjuguez en entier et au masculin les verbes.
Se punir *et* se louer.

CXXXVI.

Conjuguez en entier et au féminin les verbes :
S'apercevoir *et* se rendre.

CXXXVII.

Conjuguez en entier et au masculin les verbes :
S'applaudir *et* se défendre.

CXXXVIII.

Conjuguez en entier et au féminin les verbes :
Se justifier *et* se perdre.

CXXXIX.

Conjuguez en entier les verbes : Neiger, grê-
ler, tonner, venter, arriver, *employé im-*
personnellement. (Les quatre premiers se conju-
guent avec l'auxiliaire avoir *et le cinquième avec*
l'auxiliaire être).   5

CXL.

Mettez les verbes suivants aux personnes et aux temps indiqués.

ÊTRE COMPRIS
(au féminin.)
Première et troisième personne du pluriel du présent de l'indicatif , les trois personnes du singulier du futur simple , le futur antérieur, à toutes les personnes.

ÊTRE TROMPÉ
(au féminin.)
Les trois personnes du pluriel du passé défini , les trois personnes du singulier du futur antérieur.

ÊTRE POURSUIVI
(au masculin.)
Le présent du subjonctif à toutes les personnes , l'imparfait du subjonctif à toutes les personnes et les trois personnes du pluriel du conditionnel présent.

ÊTRE VAINCU
(au féminin.)
Le plus-que-parfait du subjonctif à toutes les personnes , la deuxième personne du singulier, la première et la deuxième personne du pluriel de l'impératif et les temps de l'infinitif.

ÊTRE ÉCLAIRÉ
(au masculin.)
Les deux conditionnels passés , le passé du subjonctif et le passé indéfini } à toutes les personnes.

CXLI.

Mettez les verbes suivants aux personnes et aux temps indiqués. (1)

RÉGNER
(au féminin.)
Le présent du subjonctif,
l'imparfait de l'indicatif
et le passé défini
{ à toutes les personnes.

OBÉIR
(au masculin.)
Le présent de l'indicatif,
l'impératif,
le présent du conditionnel
et l'imparfait du subjonctif
} à toutes les personnes.

DORMIR
(au féminin.)
Le passé indéfini,
le futur simple
et le plus-que-parfait du subjonctif
{ à toutes les personnes.

PARTIR
(au féminin.)
Le présent du conditionnel
l'imparfait du subjonctif
et le passé du subjonctif
{ à toutes les personnes.

ALLER
(au masculin.)
Le passé antérieur
le futur antérieur
et les deux passés du conditionnel
{ à toutes les personnes.

(1) Les verbes *partir* et *aller* se conjuguent avec l'auxiliaire *être* et les trois autres avec l'auxiliaire *avoir*.

CXLII.

Mettez les verbes suivants aux personnes et aux temps indiqués.

S'EN ALLER
(au féminin.)

Le plus-que-parfait de l'indicatif ,
le futur antérieur ,
les deux passés du conditionnel
et le plus-que-parfait du subjonctif.

} à toutes les personnes.

SE REPENTIR
(au masculin.)

Le passé du subjonctif ,
les deux passés du conditionnel ,
le plus-que-parfait de l'indicatif
et le passé antérieur

} à toutes les personnes.

SE TROMPER
(au masculin.)

Le présent de l'indicatif ,
le passé indéfini ,
le futur simple
et les trois personnes du pluriel du présent du subjonctif.

} à toutes les personnes.

SE DIVERTIR.
(au masculin.)

L'imparfait de l'indicatif ,
le passé défini ,
les trois personnes du pluriel du présent du subjonctif
et les trois personnes du singulier du présent de l'indicatif.

} à toutes les personnes.

CXLIII.

Conjuguez en entier les verbes : Falloir ; ravauder, succéder *et* s'endurcir *(au masculin.)*

CXLIV.

Conjuguez en entier les verbes : Etre battu, s'appauvrir, s'appliquer *et* pleuvoir. *(Les trois premiers au féminin.)*

RÉCAPITULATION DES EXERCICES SUR LES VERBES.

CXLV.

Analysez les verbes suivants, en disant à quelle espèce de verbes et à quelle conjugaison ils appartiennent, à quel temps, à quelle personne et à quel nombre ils se trouvent.

Nous écrirons. - Nous aurons étudié. - Prions. - Que j'aimasse. - Il eût obéi. - Tu avais chanté. - Ils ont été aimés. - Elle eût été bénie. - Il aurait fallu. - Il se repentira. - Qu'il se soit vaincu. - Il était parti. - On était mécontent. - Ils seraient arrivés. - Que nous eussions chanté. - Je fus puni. - Sois béni. - Que je fusse parti. - Que nous soyons tombés. - Nous nous sommes conduits. - Elles se sont repenties. - Se jouer. - S'être flatté. - Il avait plu. - Il gelait. - Il bruine. - Se trompant.

CXLVI.

MÊME EXERCICE.

Nous étions partis. - Elle sera arrivée. - Tu te

tairas. - Vous chanterez un beau cantique. - Copiez
cette jolie romance. - Elle nous a chanté une charmante chansonnette. - Je suis heureuse. - Es-tu
content ? - On appelle étoile polaire, l'étoile qui se
trouve au-dessus du pôle nord. - Les dunes sont
des monceaux de sable que la mer accumule sur ses
bords. - Dieu, qui voulait se servir des Perses pour
délivrer son peuple, donna à leur roi Cyrus beaucoup de sagesse et une puissance extraordinaire. -
Crésus, roi de Lydie, fut vaincu à la bataille de Tim-
brée. - Croyez-vous que votre sœur ait fini ce col
demain matin ? - Je ne pensais pas que vous fussiez
si raisonnable. - Va tout de suite où le devoir t'appelle. - Antiochus se mit en marche pour aller com-
battre lui-même les Juifs.

CXLVII.

*Mettez au pluriel les mots qui sont au singu-
lier, et au singulier ceux qui sont au pluriel. Par
exemple, au lieu de dire comme dans l'exercice :*
Cette élève est sage, mes frères sont arrivés, *écrivez :* Ces élèves sont sages, mon frère est arrivé.

Cette élève est sage. - Mes frères sont arrivés. -
Ce livre a été parcouru. - Notre armée a vaincu
l'ennemi. - Il vit heureux et content. - Son frère
se réjouit. - Le lièvre est agile. - J'enverrai votre
lettre. - Je veux remplir mon devoir. - Ce cheval
est rétif. - Le démon est jaloux du progrès que tu
fais. - Un homme esclave de sa passion est à
plaindre. - Les élèves qui travaillent seront récom-
pensés. - Vous répondrez quand vous serez interro-
gés. - Si vous soignez ce devoir, votre maître sera
content. - La leçon a été sue, je suis satisfait.

CXLVIII.

MÊME EXERCICE.

Celui qui parle beaucoup ne sera pas exempt de

péché, disent les Saintes-Ecritures. - Ceux qui méprisent la correction, s'égarent et se perdent. - Sachez, à vos devoirs, immoler vos plaisirs; et, pour vous rendre heureux, modérez vos désirs.- Aimez à vous venger par beaucoup de bienfaits; parlez peu, pensez bien, et gardez vos secrets.- Toi qui crains la raillerie d'un homme, crains plutôt d'être plongé pour toujours dans l'enfer. - Ne rougis jamais d'avouer ta faute; repens-toi de l'avoir commise et propose-toi de mieux faire dorénavant. - Ne sois point comme un lion dans ta maison, en te rendant terrible à ton domestique et maltraitant celui qui t'est soumis. - Avez-vous entendu une parole désavantageuse à votre frère? étouffez-la en vous-même afin qu'elle ne vous nuise point. - L'entreprise concertée avec malice retombera sur celui qui l'a faite. - Nous irons te voir dans un mois.

CXLIX.

MÊME EXERCICE.

Que les saints anges soient avec vous, et qu'ils vous conduisent heureusement. - Ses frères furent si effrayés qu'ils ne pouvaient parler. - Il se rappelait tout le mal qu'il avait fait. - Ils se présentèrent devant cet homme si redouté, et ils se prosternèrent devant lui. - Nous lui pardonnons ainsi que tu le demandes; nous ne le ferons point périr. - Elle est obéissante, active, humble, douce et reconnaissante. - Il parle avec bonté aux pauvres, il nourrit celui qui a faim, il abreuve celui qui a soif, il distribue généreusement son bien aux indigents et cela avec tant de modestie et de délicatesse qu'ils ne s'aperçoivent, pour ainsi dire, pas que c'est lui qui donne. - Elles s'en retournèrent vers leurs mères. - L'homme dans le champ duquel j'ai glané, est un ami de Dieu. - Je vous attends avec impatience. - Donnez-nous un beau livre.

CL.

Travaillez, mes enfants, travaillez avec courage à gagner le Ciel. - Vos sœurs sont arrivées et votre tante est partie. - Ma robe est usée. - Ces bas sont troués. - Ton socque est retrouvé. - Ces petites filles sont très-dociles et très-courageuses, je les estime beaucoup. - Ce bouquet est fané. - Vous nous jouerez un joli morceau. - Nous travaillerons avec courage. - Vous avez eu pitié de ce pauvre petit. - Vois, quel bel oiseau ! - Voulez-vous venir avec moi ? - Elle ravaude un bas. - Il compose un livre. - Il nous envoya des guides fidèles et prudents. - Je les ai entendus crier. - Que désireriez-vous ? - Nous vous donnerons de bons livres. - Vous avez cueilli de belles roses. - Où demeurez-vous ? - Méfiez-vous des flatteries. - L'homme est porté à faire le mal.

CLI.

Mettez les verbes indiqués dans les phrases suivantes à la personne que demande le sujet du verbe ; expliquez pourquoi vous les mettez à telle ou telle personne. Exemple, au lieu de : Les hommes prudents (*présent de l'indicatif du verbe* savoir) demander des conseils, *écrivez :* « Les hommes prudent savent demander des conseils. Je mets la *troisième personne*, parce que le sujet *hommes* représente les personnes *de qui* l'on parle ; et je mets la troisième personne du *pluriel*, parce qu'on parle de *plusieurs* personnes. »

Les hommes prudents (*présent de l'indicatif du verbe* savoir) demander des conseils à des personnes sages.—Dieu (*futur simple du verbe* protéger) toujours ses enfants.—Aimez ceux qui vous (*présent de* l'indic. du verbe *persécuter*). Si vous *(présent de l'indic. du verbe détester)* le mensonge, si vous *(présent de l'indic. du verbe aimer)* la vérité, vous *(futur simple du verbe être estimé)* de vos semblables. — Un homme qui *(passé indéfini du verbe savoir)* vaincre ses passions et y mettre un frein, *(passé indéfini du verbe remporter)* la plus belle de toutes les victoires. — Le Pérou et le Mexique *(présent de l'indicatif du verbe renfermer)* des mines d'or abondantes. — Dieu vous *(futur simple du verbe établir)* dans la justice, il *(futur simple du verbe se souvenir)* de vous au jour de l'affliction, et vos péchés *(futur simple du verbe être anéanti)* comme la glace qui *(présent de l'indicatif du verbe se fondre)* en un jour serein. — Les Allemands *(passé défini du verbe profiter)* même du désordre causé par un pareil désastre pour saccager ce que les flammes *(plus-que-parfait de l'indicatif du verbe épargner)*. — Cependant les violences auxquelles *(passé défini du verbe se livrer)* bientôt le nouveau roi contre ceux même qui l'*(plus-que-parfait de l'indicatif du verbe élever)* au trône, *(passé défini du verbe créer)* un parti puissant en faveur d'Henri. — Depuis que les Grecs, par leur ingratitude et leur injustice, *(plus-que-parfait de l'indicatif du verbe se priver)* de l'appui des Normands, leurs affaires au-delà du détroit *(imparfait de l'indicatif du verbe être)* dans une situation tout-à-fait désespérée. — Charles *(imparfait de l'indicatif du verbe se trouver)* le maître de presque toute l'Italie. — La tradition *(présent de l'indicatif du verbe rapporter)* que, pour qu'il n'en *(imparfait du subjonctif du verbe échapper)* aucun, on *(imparfait de l'indicatif du verbe obliger)* toutes les personnes que l'on *(imparfait de l'indicatif du verbe soupçonner)* d'être étrangères, de dire le mot *ciceri*, que bien peu de Français parviennent à prononcer purement.

CLII.

RÉCAPITULATION DES EXERCICES SUR LE NOM , L'AR-
TICLE , L'ADJECTIF , LE PRONOM ET LE VERBE.

(*Phrase qui servira plus bas pour l'explication :*
Les faux amis nous abandonnent).

Indiquez :

1° pour l'article : s'il est article simple ou composé,
masculin ou féminin , singulier ou pluriel.

2° pour l'adjectif : s'il est adjectif qualificatif , ou
démonstratif ou possessif , ou numéral , ou indéfini
— masculin ou féminin — singulier ou pluriel.

3° pour le nom : s'il est commun ou propre —
masculin ou féminin — singulier ou pluriel — sujet
ou régime.

4° pour le pronom : s'il est pronom personnel ,
ou démonstratif , ou relatif , ou interrogatif , ou indéfini — s'il est de la première , de la deuxième ou
de la troisième personne — masculin ou féminin —
singulier ou pluriel — sujet ou régime.

5° pour le verbe : s'il est actif , neutre , passif,
pronominal ou impersonnel — à quel temps il est
employé — à quelle personne — à quel nombre —
à quelle conjugaison.

Exemple :

Les faux amis nous abandonnent.

Les ,	article simple masculin pluriel ,
faux,	adjectif qualificatif masculin pluriel ,
amis ,	nom commun , masculin , pluriel , sujet de abandonnent ,
nous ,	pronom personnel , première per-sonne , des deux genres , pluriel , régime direct de abandonnent ,

abandonnent, verbe actif, au présent de l'indicatif, à la troisième personne du pluriel parce que son sujet *amis* représente les personnes de qui l'on parle ; première conjugaison, son infinitif étant terminé en *er.*

PHRASES à ANALYSER DE LA MÊME MANIÈRE QUE LA PHRASE PRÉCÉDENTE.

Ces enfants remplissent leurs devoirs. - Les grandes actions excitent l'admiration publique. - Nous devons servir Dieu, nos intérêts le demandent - La vertu sera récompensée, le vice sera puni.

CLIII.

MÊME EXERCICE.

Elles chanteront un beau cantique. - Elle nous a apporté cinq jolis bouquets. - Ta sœur t'accompagnera. - Tes frères sont partis. - Il pleura. - Il a tonné. - Je préparerais leurs ouvrages.

CLIV.

MÊME EXERCICE.

Elles se sont rencontrées. - Ils se sont salués. - Nous sommes partis. - Je parlerais. - Tu te tairas. - Il grêlera. - Il avait neigé. - Votre cahier est malpropre. - Je la connais.

CLV.

MÊME EXERCICE.

Vous vous repentirez. - Ils languissent. - Nous

entendons. - Je leur écris. - Leur tante est malade.
- Cette dame nous regarde. - Elles voulaient revenir.

CLVI.

MÊME EXERCICE.

Travaillons. - Écrivez. - Tais-toi. - Partez. -
Courons. - Tu la devineras. - Il écrivait quelques
lignes. - Le premier homme se nommait Adam. -
Tu te placeras au deuxième rang. - Elles se sont
mises aux dernières places.

CLVII.

*Désignez les participes présents et les partici-
pes passés qui se trouvent dans l'exercice suivant.*

(88, 89 et 80.) Les moissons jaunissant par l'ardeur
du soleil, annoncent que dans peu de temps elles
seront recueillies. - Combien de pauvres n'ai-je pas
vus dans mon voyage, mourant de faim et manquant
des choses les plus nécessaires à la vie. - La cigale
alla crier famine, chez la fourmi sa voisine, la
priant de lui prêter quelques grains pour subsister
jusqu'à la saison nouvelle. - Les ennemis appro-
chant, nous nous sommes tenus sur nos gardes,
afin de n'être point surpris.

> Mourant de faim, un pauvre se plaignait ;
> Rassasié de tout, un riche s'ennuyait ;
> Qui des deux souffrait davantage ?

Les jours que vous avez passés dans l'inaction ou
dans les plaisirs, sont des jours perdus que vous
avez sans doute regretté plus d'une fois de n'avoir
pas mieux employés ; c'est toujours avec un extrême
chagrin que l'on reconnaît, mais trop tard, que le
temps perdu ne revient jamais.

CLVIII.

MÊME EXERCICE.

David et tous les siens s'abandonnèrent au deuil et jeûnèrent jusqu'au soir, en pleurant la mort de Saül, de Jonathas et de tous leurs frères, qui avaient péri dans le combat. - Son père ne l'en aima que mieux, le regardant comme la consolation de sa vieillesse. - La charité que vous aurez eue pour votre père ne tombera point en oubli. - Joseph, ne pouvant plus se contenir, fit sortir tous les Egyptiens. - Ils devaient renouveler la mémoire de leur délivrance miraculeuse, en mangeant l'agneau pascal. - Le Seigneur a précipité dans la mer les chariots du roi et toute sa puissance ; l'élite de ses capitaines a été submergée dans la mer. Les abîmes les ont engloutis, ils sont tombés comme une pierre jusqu'au fond de la mer. - Ils sont partis en fredonnant un air joyeux. - Elle est arrivée en sautant et en chantant ; mais sa gaieté se changea en tristesse, lorsqu'elle apprit les désolantes nouvelles que vous aviez apportées. - Ces soldats, manquant de tout, périrent de misère.

CLIX.

Indiquez les mots qui sont prépositions et ceux qui sont régimes de ces prépositions. - Exemple : La tête d' *(préposition)* un Chinois *(régime de la préposition* de) est rasée.

(91 et 92). La tête d'un Chinois est rasée ; plusieurs robes légères couvrent son corps qui est d'une petite stature ; sa démarche, son air, ses mouvements, tout est d'une gravité comique. En été, il porte un petit chapeau en forme d'entonnoir et dou-

blé de satin. — Chez les Allemands , la magnificence
éclate dans les fortifications ; chez les Anglais , dans
les flottes ; chez les Espagnols, dans les armes;
chez les Français, dans les hôtels et dans l'ameu-
blement ; chez les Italiens , dans les églises. - Nous
travaillons pour les pauvres. - Vous passerez par
Douai. - Elle écrira à sa mère. - Nous partirons
sans vous. - Moïse fit faire une arche de bois précieux , recouverte de lames d'or , dans laquelle il
conserva les tables de la loi. - Les années de notre
vie sont devant vous comme un néant. - Votre in-
dignation nous jette dans le trouble - Le Seigneur
est un Dieu fort, puissant et terrible , qui n'a
point égard aux personnes , qui ne se laisse point
corrompre par les présents, et qui rend justice à la
veuve et à l'orphelin. - Je dois mourir dans ce désert. - Moïse monta sur la montagne de Nébo.

CLX.

MÊME EXERCICE.

Il se hâta d'apprêter un chevreau et de faire cuire
un gâteau , et il apporta sous le chêne la chair et
le gâteau qu'il avait mis dans un panier. - Vous
sauverez Israël , car le Seigneur vous a choisi pour
cette œuvre. - Il se leva avec sa troupe avant le
point du jour et s'avança sur les montagnes, jusqu'à
la fontaine nommée Harad. - Un verre d'eau donné
au nom de Notre-Seigneur ne restera pas sans récompense. - Ses yeux étaient affaiblis par son grand
âge. - Le peuple d'Israël était entièrement sous la
puissance des Philistins. - Le peuple confessa qu'il
avait péché contre le Seigneur. - Le premier roi
qui régna sur Israël fut Saül. - Contre la défense
expresse de Dieu , il s'était réservé tout ce qu'il y
avait de meilleur dans les troupeaux des Amalécites.

« Vous avez commis un grand péché devant le Seigneur. - Samuël s'en retourna chez lui. - J'ai choisi un des fils d'Isaï pour l'établir roi sur Israël.

CLXI.

Indiquez les adverbes.

(93 et 94). Les aurores boréales se montrent souvent en Islande.-Bossuet parlait éloquemment.— Turenne a servi fidèlement Louis XIV. - Un homme sage parle peu et réfléchit beaucoup. - Toujours vous serez content le soir, quand vous aurez bien passé la journée. - Où règne le désordre, là est le démon. - Les Maures habitent ordinairement les villes et les villages. Les autres peuplades de l'Afrique que l'on désigne généralement sous le nom de Bédouins promènent partout leurs tentes. - Le nombre des fleuves et des rivières qui arrosent la Chine est prodigieux et contribue singulièrement à la fertilité du sol. - L'Europe est moins riche que les autres parties du monde en mines d'or et d'argent ; mais elle possède une plus grande quantité de mines de fer , de cuivre, de plomb , etc. - Dans le milieu de l'Asie on trouve des montagnes très-élevées qui ont le sommet toujours couvert de glaces , et dans le midi la chaleur est très-grande. - Il y a en Afrique une espèce de grosse fourmi qui s'introduit quelquefois dans la trompe de l'éléphant et le fait mourir dans des accès de fureur.

CLXII.

Indiquez tous les mots qui sont conjonctions,et, quand vous rencontrerez le mot que,dites pourquoi ce mot est conjonction ou pourquoi il est pronom relatif. Exemple : Nous désirons que vous sachiez réciter les leçons que vous avez apprises. *Le premier* que *est conjonction, parce qu'on ne peut pas dire :* Nous désirons *lequel* vous sachiez, etc...., — *le second* que *est pronom relatif parce qu'on peut dire :* que vous sachiez réciter les leçons *lesquelles* vous avez apprises.

(95, 96 et 97.) Nous désirons que vous sachiez réciter les leçons que vous avez apprises. - On mange beaucoup de miel dans la Sénégambie, car il y a beaucoup d'abeilles. - La race blanche a le visage ovale et le nez droit, la bouche moyenne et les cheveux lisses. - La race basanée ou olivâtre a le visage large, aplati et comprimé, le nez gros et écrasé, les narines très-ouvertes, les yeux noirs et écartés l'un de l'autre. - Soyez vertueux, si vous voulez être estimé. - Dieu veut que l'on dise la vérité. Les bienfaits que nous avons reçus de cette personne veulent que nous excusions les mauvais procédés qu'elle a eus quelquefois à notre égard. - Quoi que vous puissiez faire, vous ne serez estimé que lorsque vous serez vertueux.

CLXIII.

Indiquez les sentiments qu'expriment les interjections contenues dans les phrases suivantes. Exemple : « Ah ! j'ai recouvré la paix de l'âme ! (Ah ! *marque la joie*).

(98, 99, 100, 101, 102, 103, 104 et 105). — Ah ! j'ai recouvré la paix de l'âme ! - Hélas ! que diront les pécheurs à l'heure de la mort ? - Courage ! mes amis, si le travail vous effraie, que la récompense vous anime. - Chut ! gardez le silence. - Ah ! qu'un véritable ami est un bien précieux. - Hé ! écoutez-ici, s'il vous plaît. - Fi ! loin de moi cette mauvaise pensée !

CLXIV.

RÉCAPITULATION DES EXERCICES SUR LES PRÉPOSITIONS, LES ADVERBES, LES CONJONCTIONS ET LES INTERJECTIONS.

Indiquez chacune de ces espèces de mots dans les phrases suivantes :

L'Allemagne est faite pour qu'on y voyage, l'Italie pour qu'on y séjourne, l'Angleterre pour qu'on y pense et la France pour qu'on y vive. - On dit que des gants de femme pour être bien faits, doivent être préparés en Espagne, coupés en France et cousus en Angleterre. - Les Arabes font la chasse à l'autruche. - Elle court contre le vent et le vent s'engouffre dans ses ailes. - Il arrive quelquefois que la lune se trouve placée vis-à-vis du soleil, de manière à en cacher le milieu et à en laisser voir le tour, parce qu'il est beaucoup plus grand que la lune; le soleil ne paraît plus alors que comme un grand anneau brillant. - Lorsque la lune se trouve entre la terre et le soleil, son côté tourné vers nous n'est pas éclairé; c'est la première phase, qu'on appelle nouvelle lune. - La lune est près de cinquante fois plus petite que la terre que nous habitons, et elle en est éloignée de 96,000 lieues; il faudrait donc faire un voyage de 96,000 lieues pour aller jusqu'à la lune; c'est à cause de ce grand éloignement que la lune nous paraît si petite.

CLXV.

MÊME EXERCICE.

La lune est opaque comme toutes les autres planètes, c'est-à-dire qu'elle ne peut éclairer qu'avec la lumière qu'elle reçoit du soleil; c'est pour cela que nous voyons la lune sous différents aspects : comme elle tourne autour de la terre, nous ne voyons pas toujours en entier le côté qui est éclairé : c'est là ce qui forme les différentes phases de la lune. - C'est un grand bien, lorsqu'on est repris, de témoigner son repentir, puisqu'on évite par là de se rendre plus coupable, en demeurant dans son péché. - Vous pesez votre or dans la balance, pesez plutôt vos paroles. - L'entreprise concertée avec malice retombera toujours sur celui qui l'a faite. - Les gens mal élevés et les âmes viles ont toujours le mensonge dans la bouche. - Ne louez point un homme pour sa bonne mine, et ne le méprisez point parce que son extérieur n'a rien qui le relève. - Tout ce qu'il y a de plus précieux n'est rien, en comparaison d'une âme vraiment pure. - Hélas! qu'allons-nous devenir? - Le temple était rebâti, mais la ville de Jérusalem n'était encore qu'un monceau de pierres. - Ha! vous voilà dans un singulier accoutrement. - Oh! que la vertu est donc aimable!

RÉCAPITULATION GÉNÉRALE SUR LA PREMIÈRE PARTIE DE LA GRAMMAIRE.

CLXVI.

Analysez les phrases suivantes comme il a été expliqué au numéro 152; indiquez aussi les prépositions, les conjonctions, les adverbes et les interjections.

La crainte du Seigneur est le commencement de la sagesse. - Si nous avions eu du zèle pour le travail, nous aurions fait des progrès dans la science. - Racine et Fénelon possédaient l'art d'exciter des sentiments tendres et vifs. - Aidons-nous mutuellement, la charge sera légère. - Ah! ma mère est revenue.

CLXVII.

Analysez en entier les phrases suivantes :

Quoique les méchants prospèrent quelquefois, ne pensez pas qu'ils soient heureux. - La vie d'un homme qui se contente de ce qu'il gagne par son travail, est remplie de douceur. - En vivant ainsi, vous serez aussi riche que si vous aviez trouvé un trésor. - Celui qui met une pierre dans le chemin pour y faire heurter son prochain, s'y heurtera.

CLXVIII.

MÊME EXERCICE.

Si vous êtes riche, pensez à l'état d'indigence où vous pouvez tomber, et cette pensée vous préservera de l'orgueil et de la légèreté. - Celui qui ne retourne pas au bien par une volonté libre et sincère, ne saurait faire une vraie pénitence. - Aman venait d'arriver dans l'intention de demander au roi la permission de faire pendre Mardochée.

CLXIX.

MÊME EXERCICE.

Ces personnes se sont fait beaucoup d'ennemis par leur hauteur et leurs prétentions. - Son frère s'est blessé en tombant de cheval. - Ils ne s'étaient jamais vus. - Elle se repent bien fort de la faute qu'elle a commise. - Nos soldats ont été mis en déroute.

CLXX.

MÊME EXERCICE.

La religion exige que nous sacrifiions nos ressentiments. - Jean-Jacques Rousseau et Voltaire sont deux méchants écrivains du dix-huitième siècle. - La prospérité, comme le malheur, éprouve le caractère.

CLXXI.

Mettez au pluriel tous les sujets qui sont au singulier.

Le Polonais est grand et robuste, courageux et intrépide, il est très-religieux. - L'Espagnol supporte sans se plaindre les plus dures privations, pourvu qu'il ait à fumer un petit cigarre qu'il appelle cigarettos. - Voici comment l'Américain prend le bison : il se couvre d'une peau de bison, choisit l'endroit où la glace est mince sur le fleuve qu'il passe ainsi travesti. Le bison trompé, croyant suivre un autre bison, marche sur la glace qui cède sous son poids. Alors le chasseur le tue. L'Américain fait ensuite l'éloge du bison, et, tout en mangeant de sa chair, il lui demande pardon de l'avoir tué. - Le Cafre est grand, bien fait, adroit, intelligent, sensible et hospitalier. Une peau de mouton douce et bien préparée est jetée sur ses épaules; un anneau d'ivoire est à son bras gauche. Sa compagne est gaie, douce et prévenante.

CLXXII.

Mettez au singulier tous les sujets qui sont au pluriel.

Les chameaux sont créés pour les déserts; ils vivent de peu, ils se passent même de manger pendant assez longtemps, et puis ils sont rarement exposés à périr de soif, parce que dans leur corps se trouvent des espèces de réservoirs pour l'eau, et cette eau, ils l'aspirent quand ils en ont besoin. - Les voyageurs ne doivent pas non plus oublier de faire leurs provisions avant de traverser les déserts, sans quoi ils s'exposeraient à périr de soif. - Pour éviter de périr de soif dans les déserts qu'ils ont à traverser, les voyageurs se munissent de grandes outres bien pleines. - Les éléphans si dociles, si patients, sont aussi très-forts et très-agiles. - Les marchands qui traversent les déserts, se servent des chameaux pour transporter leurs marchandises; voilà pourquoi ils appellent quelquefois ces utiles quadrupèdes navires des déserts.

CLXXIII.

MÊME EXERCICE.

Les Abyssins sont bien faits, mais ils se défigurent en se tatouant. - Les paysans suédois ne sont ni grossiers, ni rusés, ni sauvages; ce sont des hommes ouverts, polis, affables, qui sont instruits et dont les costumes annoncent qu'ils vivent aisément. - Quand il s'agit de résoudre quelque difficulté, les Allemands sont lents, les Anglais déterminés, les Espagnols fiers et prévoyants, les Français précipités, les Italiens subtils. - En général les Allemands sont soucieux, les Anglais doux, les Espagnols graves, les Français gais, les Italiens rusés. - Les Allemands et les Anglais sont mangeurs, les Espagnols frugals, les Italiens sobres, les Français délicats. - Les castors construisent des cabanes, des digues et forment des étangs assez profonds pour pouvoir y plonger sous les glaces, même dans les plus forts hivers, Quand ils sont inquiétés par les chasseurs, ils abandonnent leurs étangs et leurs cabanes et n'en construisent plus. Ces animaux vont alors creuser des terriers auprès des rivières.

CLXXIV.

MÊME EXERCICE.

Lâches et poltrons de leur nature, les loups pressés par la faim et traqués par les hommes qui leur ont déclaré la guerre, deviennent hardis par nécessité. Ils bravent les dangers et viennent s'en prendre aux troupeaux, Lorsqu'ils réussissent, ils reviennent souvent à la charge, jusqu'à ce que, ayant été blessés, ils se retirent dans les forêts. Ils n'en sortent plus que la nuit, parcourent les campagnes, rôdent autour des demeures des fermiers, entrent en furieux dans les bergeries et mettent à mort les premières bêtes qu'ils rencontrent. - Les lions sont les plus forts, les plus fiers, les plus redoutables animaux qui existent. - Les souris, beaucoup plus petites que les rats, sont aussi plus communes. - Les bœufs ne conviennent pas autant que les chevaux, les ânes et les chameaux pour porter des charges.

Deuxième Partie.

REMARQUES SUR LE NOM.

CLXXV.

Mettez au pluriel les noms suivants et dites s'ils sont masculins ou féminin. (119, 120 , 121.)

Attirail. - Animal. - Canal. - Détail. - Cristal. - Travail. - Bail. - Soupirail. - Ail. - Eventail. - Confessionnal. - Portail. - Mal. - Sérail. - Camail. - Arsenal. - Email. - Epouvantail. - Signal. - Amiral. - Corail. - Végétal. - Total. - Bocal. - Agneau. - Boyau. - Bateau. - Hoyau. Tuyau. - Peau. - Hameau. - Noyau. - Gâteau. - Affutiau. - Sarrau. - Oiseau. - Caillou. - Cou. - Fou. - Hibou. - Trou. - Genou. - Chou. - Joujou. - Bijou. - Verrou. - Licou. - Chou. - Bambou. - Sou. - Pou. - Sapajou. - Tuyau - Gouvernail. - Vitrail. -Vantail. - Troupeau. - Lapereau. - Chevreau. - Perdreau. - Bandeau. - Poteau. - Veau. - Copeau.

CLXXVI.

MÊME EXERCICE.

Bal , carnaval , régal , cal , nopal et les noms d'animaux étrangers terminés en al suivent la règle générale , c'est-à-dire que leur pluriel se forme en ajoutant un s. — *Il en est de même du nom* landeau.

((19 , 20 , 21 , 22, 23 , 119 , 120 , 121).

Le succès. - Un nez. - Une horloge. - Un empire. - Un balai. - Une cuillère. - Un abus. - Une croix. - Un laquais. - Un aloyau. - Un rubis. - Un étau. - Une estafette. - Un fardeau. - Un écrou. - Une perdrix. - Un flambeau. - Un radis. - Un fuseau. - Un prix. - Un écriteau. - Un fou. - Un neveu. - Un quinquet. - Un chandelier. - Un filou. - Un couteau. - Un plafond. - Un essieu. - Un confessionnal. - Un neveu. - Un minéral - Un bal. - Un arsenal. - Un rideau. - Un régal. - Un camail. - Un cheveu. - Un ciseau. - Un vœu. - Un cordial. - Un total. - Un maréchal.

CLXXVII.

MÊME EXERCICE.

Quoique d'après le numéro 122 de la grammaire on puisse, au pluriel, supprimer le t des noms et des adjectifs terminés par ent ou par ant lorsque ces noms ou ces adjectifs ont plus d'une syllabe, il est plus raisonnable de le conserver partout.

Un enfant. - Un serment. - Un élément. - Un élégant. - Un torrent. - Un gant. - Un savant. - Un compliment. - Un monument. - Un gouvernement. - Un pédant. - Le vent. - Un pou. - Un bandeau. - Un pieu. - Un pinceau. - Un refus. - Un morceau. - Un feu. - Une fluxion. - Un soufflet. - Une carafe. - Un tabouret. - Un pupitre - Un matelas. - Une bougie. - Un quinquet. - Un revenant. - Un parent. - Un pénitent.

CLXXVIII.

Dites pourquoi dans les phrases ci-après les noms prennent un s ou n'en prennent pas. — Exem-

ple : « Les Cicéron et les Démosthène sont la gloire de leur patrie, » *je ne mets pas s à Cicéron ni à Démosthène, parce qu'on parle des hommes mêmes qui ont porté ces noms.* — « Le siècle de Louis XIV a eu ses Cicérons et ses Démosthènes, » *ici je mets un s à Cicérons et à Démosthènes, parce que le sens de la phrase est :* Le siècle de Louis XIV a eu des orateurs semblables à Cicéron et à Démosthène.

(123, 124.) Les Cicéron et les Démosthène sont la gloire de leur patrie. - Le siècle de Louis XIV a eu ses Cicérons et ses Démosthènes. - Ce sont les Molière, les Boileau, les Racine *ou* ce sont les Molières, les Boileaux, les Racines qui portèrent chez toutes les nations la gloire de la langue française. - Le même roi (1) qui sut employer les Condé, les Turenne et les Catinat dans ses armées, les Colbert et les Louvois dans son cabinet, choisit les Racine et les Boileau pour écrire son histoire, les Bossuet et les Fénelon pour instruire ses enfants, les Fléchier et les Massillon pour l'instruire lui-même *ou* les Condés, les Turennes etc. - Les La Fontaine et les Molière *et* les La Fontaines ou les Molières sont rares de nos jours. - L'antiquité n'a pas eu plusieurs Alexandres ni plusieurs César *ou* plusieurs Alexandre ni plusieurs Césars.

CLXXIX.

MÊME EXERCICE.

(123, 124, 125). Chez les Grecs, le siècle de Périclès vit naître des écrivains très-illustres, tels que les Sophocle, les Euripide, les Socrate, les Démosthène, les Aristote et les Platon *ou* les So-

(1) Louis XIV.

6

phocles, les Euripides, les Socrates, etc. - Ceux qui ont écrit l'histoire dans les temps modernes, n'étaient ni des Tacite, ni des Tite-Live *ou* des Tacites, ni des Tite-Lives. (1) - Les Bourdaloue, les Mascaron, les Fléchier et les Bossuet *ou* les Bourdaloues, les Mascarons, les Fléchiers et les Bossuets étaient les prédicateurs les plus savants et les plus distingués du siècle de Louis XIV.

Dans les phrases suivantes choisissez seulement l'expression correcte; il n'y a rien à expliquer :

Les opéra *ou* les opéras nous viennent d'Italie. - Le chapelet est composée de six pater *ou* paters et de cinquante-trois ave *ou* aves. - L'homme vertueux fait le bien modestement, sans rechercher, comme un acteur, les bravo *ou* les bravos de la multitude. - Que de chrétiens, à l'Eglise, chantent des alleluias *ou* des alleluia sans comprendre la signification de ce mot qui veut dire en hébreu : Louange à Dieu.

CLXXX.

Choisissez dans les phrases suivantes l'expression correcte, et donnez la raison de votre choix.

(126, 127, 128, 129, 130). Esther et Athalie sont les chef-d'œuvre *ou* les chefs-d'œuvre de Racine. - Les rez-de-chaussée *ou* les rez-de-chaussées sont ordinairement malsains, à moins qu'ils ne soient planchéiés. - Que de gens, spirituels dans la société, se font connaître pour des sots après deux ou trois tête-à-tête *ou* têtes-à-têtes. - Faire des coq-à-l'âne *ou* des coqs-à-l'âne, c'est passer tout d'un coup, dans la conversation, d'un sujet à un

_____

(1) Anciens historiens latins qui vivaient environ à l'époque de N.-S.

autre. - Vos belle-sœurs *ou* vos belles-sœurs sont arrivées ce matin. - Des blancs-seings *ou* des blanc-seings , c'est-à-dire des signatures en blanc , sont des armes perfides dans les mains d'un fripon.

- La paresse et l'oisiveté sont les avant-coureurs *ou* les avants-coureurs de la misère. - Ces porte-manteau *ou* ces portes-manteaux sont tout neufs, ainsi que ces porte-collets *ou* porte-collet et ces porte-feuille *ou* porte-feuilles.

CLXXXI.

MÊME SORTE D'EXERCICE.

(126, 127, 128, 129, 130, 131, 132). Nous avons acheté des essuie-main *ou* des essuie-mains et des cure-dents *ou* des cure-dent. — Ces escaliers n'ont pas de garde-fou *ou* de garde-fous ; ce sont de véritables casse-cous *ou* casse-cou. — En temps de guerre, les Américains sont armés de massues, qu'ils appellent casse-têtes *ou* casse-tête. - Les réponses des personnes distraites ne sont souvent que des coqs-à-l'âne *ou* des coq-à-l'âne. - Les petit-maîtres *ou* les petits-maîtres ont les manières libres et tranchantes. - On élève en Chine une grande quantité de vers-à-soies *ou* de vers-à-soie. - Ce n'est que dans l'Océan Atlantique qu'on voit le spectacle singulier des poissons-volant *ou* des poissons-volants. - Les scandaleux sont plus dangereux pour la société que les coupe-gorges *ou* coupe-gorge. - Les passe-port *ou* passe-ports sont nécessaires pour voyager en France.

CLXXXII.

MÊME SORTE D'EXERCICE.

(126 , 127 , 128 , 129 , 130 , 131, 132, 133, 134).

— La France a été divisée en quatre-vingt-six départements, qui ont été subdivisés en arrondissements : les villes où les préfets font leur résidence, se nomment chef-lieux *ou* chefs-lieux de départements, et celles où résident les sous-préfets *ou* sous-préfet, chefs-lieux d'arrondissements. — Les chou-fleurs *ou* les choux-fleurs que vous avez plantés ne grossiront pas, parce qu'ils ne sont pas exposés au soleil. - On ne trouve guère les chats-huants *ou* les chats-huant que dans les bois et les clochers. - Des réveille-matins *ou* réveille-matin sont excellents pour ceux qui veulent se lever de bonne heure. — Les gros vins d'Orléans sont de vrais casse-tête *ou* casse-têtes. - Les baguettes dont les peintres se servent pour appuyer la main qui tient le pinceau s'appellent des appui-mains *ou* des appuis-main. - Nous avons mangé à notre repas d'excellents bec-figues *ou* becs-figues *ou encore* becfigues.

CLXXXIII.

MÊME SORTE D'EXERCICE.

(135, 136, 137, 138). Dieu seul est toute ma force et tout mon aide *ou* toute mon aide. - Cette femme, à cause de son âge, a besoin d'un aide *ou* d'une aide pour lui aider dans son ménage. - Plusieurs aigles furent pris *ou* prises par les Germains, après la défaite de Varus, sous le règne d'Auguste. - Pour désigner un homme dont les yeux sont vifs et perçants, on dit souvent : il a les yeux d'un aigle *ou* d'une aigle. - Il faut que nous aimions Dieu d'une éternelle d'amour *ou* d'un éternel amour. - Les tableaux, les médailles, les livres sont les plus chers amours *ou* les plus chères amours de beaucoup de savants. - J'ai déjeûné d'un couple *ou* d'une couple d'œufs frais. - Adam et Eve formaient un heureux couple *ou* une heureuse couple avant leur péché. - Noé entra dans l'arche avec sa femme, ses fils et leurs femmes et avec eux une couple *ou* un couple de chaque espèce d'animaux.

CLXXXIV.

MÊME SORTE D'EXERCICE.

(139, 140, 141, 142, 143, 144, 145). Marie était un enfant *ou* une enfant béni *ou* bénie de Dieu.-Un enseigne *ou* une enseigne doit risquer sa vie pour sauver son drapeau. - Pour dire qu'une bonne chose n'a pas besoin d'être vantée, on dit souvent : A bon vin il ne faut point un enseigne *ou* une enseigne. - Ceux qui donnent de bons conseils sans les accompagner de bons exemples *ou* de bonnes exemples, ressemblent à ces poteaux qui indiquent les chemins sans les parcourir. — Celui qui calque avec attention et persévérance, pendant quelque temps, de beaux exemples *ou* de belles exemples d'écriture parviendra infailliblement à bien écrire. — Henri IV disait avec raison : Tous les gens *ou* toutes les gens de bien sont aimées *ou* aimés même des méchants. — Il est encore de bons *ou* de bonnes gens qui croient aux revenants.

CLXXXV.

MÊME SORTE D'EXERCICE.

Il est d'un cœur noble et généreux d'aimer à rendre de bons *ou* de bonnes offices. — Dans cette maison l'office est placé *ou* placée bien commodément. L'orgue de Harlem (1) est connu pour être un des

(1) Harlem, ville principale de la Hollande septentrionale.   6*

plus beaux et des plus grands *ou* des plus belles et des plus grandes de l'Europe. — Faisons de l'étude nos plus chers *ou* chères délices. — Chère *ou* cher enfant, disait une mère à sa fille, sans toi il n'est point de bonheur pour moi. — Quels *ou* quelles délices peut-on comparer à celles *ou* à ceux que cause une bonne action. — Dieu venait à ce peuple heureux (aux Juifs) ordonner de l'aimer d'un amour éternel *ou* d'une amour éternelle. — Certaines *ou* certains gens étudient toute leur vie ; à la mort ils ont *ou* elles ont tout appris, excepté à penser. — L'aigle devient furieux *ou* furieuse quand on lui prend ses aiglons.

CLXXXVI.

Indiquez quels mots viennent des substantifs suivants :

De parfum on a fait *parfumer*. - Fil. - Pari. Vent. - Rabot. - Rabat. - Rabais. - Raccord. Acquit. - Raison. - Ramas. - Rapport. - Rappel. - Rayon. - Refus. - Dépit. - Regal. - Saut. - Trépas. - Rejet. - Ressort. - Serpent. - Tir. - Décret. - Cri. - Souhait. - Van. - Trot. - Abus. - Accord. - Accroc. - Amas. - Accueil. - Babil. - Crochet. - Badin. - Bond. - Bavard. - Bord. - Chagrin. - Drap. - Hiver. - Cachet. - Plomb. - Fagot. - Fard. - Goût. - Lambin. - Précis. - Rabais. - Raison. - Satin. - Réveil. - Oubli. - Matelas. - Camp. - Engrais. - Eclat. - Arrêt. - Doigt.

CLXXXVII.

Nommez les substantifs qui sont collectifs généaux et ceux qui sont collectifs partitifs.

(150, 151, 152). Une multitude. - Une trou

pe. - La foule. - Une quantité. - Le peuple.
Cette armée. - La société. - Une infinité. - La
plupart. — Le troupeau.

*Dans les phrases qui suivent, dites pourquoi il y
a accord avec le collectif ou avec le nom qui le
suit.*

(153, 154, 155). La multitude d'hommes qui
environnent les princes est *ou* sont cause qu'il y en a
peu qui fasse ou fassent une impression profonde sur
eux. - Beaucoup de personnes voudraient *ou* voudrait savoir; mais peu désire *ou* désirent apprendre.
- La plupart des orateurs nous donnent *ou* donne
en longueur ce qui leur manque en profondeur. —
La totalité des hommes ne juge *ou* ne jugent de la
conduite des autres que par le succès. - Une nuée
de corbeaux fondit *ou* fondirent sur nos campagnes
à l'approche de l'hiver. - Beaucoup d'hommes sont
amis *ou* est ami de la table, et peu le sont *ou* l'est
de la vérité. - Un grand nombre des soldats de
Napoléon périt *ou* périrent dans la guerre de Russie.
- Il y a peu d'hommes qui sache *ou* sachent connaître
leurs véritables intérêts.

CLXXXVIII.

Un grand nombre de personnes fait *ou* font incendie du féminin, cependant on doit dire un grand
incendie et non pas une grande incendie. - La plupart des hommes flottent *ou* flotte sans cesse entre
des craintes ridicules et de fausses espérances. -
Une infinité de jeunes gens se perdent *ou* se perd
par la fréquentation des spectacles et la lecture des
mauvais livres. - Un grand nombre de personnes
conviées ne se rendit *ou* ne se rendirent pas à notre
invitation. - Une foule de curieux attirés par l'ar-

rivée de ce grand seigneur fut *ou* furent trompés dans leur attente. - Le nombre des disciples de Jésus-Christ croissait *ou* croissaient de jour en jour. - Cette conduite est bien admirable dans une multitude d'hommes, qui jusque-là avait été livrée *ou* avaient été livrés à tous les désordres de l'idolâtrie. - Un grand nombre de chrétiens furent exposés *ou* fut exposé aux bêtes féroces. - Une quantité de pauvres entoura *ou* entourèrent notre voiture. - La plupart des citoyens étaient réduits *ou* était réduite à manger tout ce qu'elle trouvait *ou* qu'ils trouvaient.

CLXXXIX.

MÊME EXERCICE.

Beaucoup de chrétiens furent *ou* fut mis à mort par l'ordre de Domitien. (1) - Plusieurs fut envoyé *ou* furent envoyés en exil. - La plupart refusa *ou* refusèrent de souscrire à ce jugement inique. - Une foule de malheureux nous demandaient *ou* demandait du pain. - Lorsque le nombre des chrétiens se fut *ou* furent considérablement augmenté *ou* augmentés, on établit à Hambourg (2) un siége archiépiscopal (3). - L'armée des rebelles furent

---

(1) Domitien empereur romain qui vivait à la fin du premier siècle après Notre-Seigneur. Il monta sur le trône l'an 81 et il mourut en l'an 96. Ce fut Domitien qui ordonna contre les chrétiens la deuxième persécution générale.

(2) Hambourg est la ville la plus commerçante de l'Allemagne.

(3) (Prononcez arkiépiscopal). C'est-à-dire qu'on y établit un archevêque.

taillés *ou* fut taillée en pièces par celle de David.
- Une foule d'oiseaux était renfermée *ou* étaient
renfermés dans cette volière. - La plus grande partie
de mes loisirs fut *ou* furent consacrés *ou* consa-
crée à étudier la langue italienne. - Cette longue
suite de monuments éternisent *ou* éternise les victoires de ce grand prince. - L'empire était divisé
en un grand nombre de principautés ou plutôt de
petites royautés féodales, qui se déchirait *ou* déchi-
raient entre elles. - Un torrent de pleurs cou-
vrait ou couvraient son visage.

CXC.

MÊME EXERCICE.

Le nombre des récalcitrants (1) était *ou* étaient de
quarante. - La douzaine de ces images coûte *ou*
coûtent huit francs. - Une douzaine de lévriers le
suivait *ou* suivaient. - La multiplicité des chefs mit
ou mirent parmi nos ennemis une confusion qui
accéléra leur perte. - Un grand nombre d'oiseaux
faisaient *ou* faisait résonner ces bocages de leurs
doux chants. - Beaucoup de gens désire *ou* désirent
aller au ciel ; mais bien peu se mettent *ou* se met
en peine de prendre le chemin qui y conduit. -
Parce qu'il y a une multitude d'hommes qui marche *ou* marchent dans la voie de la perdition, faut-
il que nous y marchions aussi ?

CXCI.

MÊMÊ EXERCICE.

La plupart de ces malheureux s'expatrièrent *ou*

_____

(1) Récalcitrant, qui résiste avec humeur, avec
opiniâtreté.

s'expatria. - Quand les deux armées furent en présence, Judas, considérant cette multitude d'hommes, de chevaux et d'éléphants, qui allaient *ou* allait fondre sur sa petite armée, leva les yeux au Ciel. - La multitude, charmée du bel ordre qui régnait dans cette fête, demanda *ou* demandèrent avec instance qu'elle fût continuée sept autres jours. - Le reste des fidèles n'osaient *ou* n'osait se joindre à eux. - Il fut assailli par une troupe de voleurs qui le dépouillèrent *ou* le dépouilla et le laissa *ou* le laissèrent à demi-mort sur le chemin. - Un grand nombre de malades fut guéri *ou* furent guéris ce jour-là par notre saint. - A l'arrivée des Francs dans les Gaules, un grand nombre de villes était converti *ou* étaient converties en bonne partie à la religion chrétienne ; mais ces villes venaient d'être à moitié détruites, et la plupart des villages étaient *ou* était encore idolâtres *ou* idolâtre.

CXCII.

MÊME EXERCICE.

La plupart des Francs qui ne voulurent point se faire chrétiens, vinrent *ou* vint habiter le petit royaume de Ragnachar. (1) - Beaucoup d'historiens a *ou* ont exagéré l'antiquité des Chinois. - L'armée des Français furent *ou* fut encore victorieux *ou* victorieuse dans les plaines de Vouillé. - Le nombre des martyrs est *ou* sont incalculable *ou* incalculables. - L'armée des Perses poursuivit *ou* poursuivirent longtemps ces braves soldats. - Les Gaulois étaient parvenus au haut des rochers et déjà

(1) Ragnachar (prononcez Rag-nakar), roi de Cambrai qui vivait du temps de Clovis 1er, environ 500 ans après Notre-Seigneur.

plusieurs montait *ou* montaient sur les murailles, lorsque le cri des oies qui se trouvaient dans le Capitole, éveilla un romain nommé Manlius. - Dans une seconde bataille, à quelque distance de Rome, un grand nombre de Gaulois fut *ou* furent tué *ou* tués par les Romains. - Beaucoup de Juifs eurent *ou* eut la lâcheté de renoncer à leur religion par crainte de la mort ; mais il y en eut cependant un grand nombre qui aima *ou* aimèrent mieux mourir que de désobéir à la loi de Dieu. - Plus de quarante mille Perses périrent dans le combat ; un plus grand nombre furent tués *ou* fut tué en fuyant ; le reste se sauvèrent *ou* sauva en désordre, et ne se crut *ou* crurent en sûreté que lorsqu'il se vit *ou* lorsqu'ils se virent dans les murs de leur capitale.

RÉCAPITULATION SUR LE NOM.

CXCIII.

Choisissez l'expression correcte et donnez la raison de votre choix, comme dans les exercices précédents.

Les enseignes romains *ou* romaines étaient des aigles. - Les premiers *ou* les premières orgues nous viennent de la Barbarie, en Afrique. - Les eaux-de-vie *ou* eaux-de-vies de Cognac sont très-estimées. - L'usage des taille-plumes *ou* taille-plume, a diminué depuis l'invention des plumes métalliques. - Tous les persécuteurs de l'Eglise, tels que les Antiochus, les Hérode *ou* Hérodes, les Nérons *ou* Néron, les Domitien *ou* Domitiens, les Décius, les Juliens *ou* Julien, les Galères *ou* Galère ont péri misérablement. - Nos poètes d'aujourd'hui ne sont pas des Corneille *ou* Corneilles *ou* des Racines *ou* Racine. - La plupart de ces hommes sont *ou* est rampant *ou* rampants devant les grands, et insolents *ou* insolent envers leurs égaux.

CXCIV.

Mettez au pluriel les mots suivants :

Un coupe-gorge. - Un cure-dents. - Une plate-bande. - Un brèche-dents. - Un serre-tête. - Un coq-à-l'âne. - Un hôtel-Dieu. - Une basse-taille. - Un chien-loup. - Une arrière-boutique. - Un réveille-matin. - Une grand'mère. - Un pot-de-chambre. - Un arrière-ban. - Un pied-à-terre. - Un casse-noisettes. - Un contre-temps. - Un essuie-mains. - Une arrière-cour. - Un chou-rave. - Un blanc-seing. - Un tête-à-tête. - Un porte-mouchettes. - Un porte-flambeau. - Un contre-temps. - Une tête-noire (*espèce de couleuvre*). - Une porte-cochère. - Un contre-poison. - Un avant-coureur. - Un bout-rimé. - Un porte-faix. - Un porte-clefs. - Un porte-chandelier. - Un casse-cou. - Un porte-crayon. - Un porte-voix. - Un terre-plein. - Un arrière-neveu. - Une arrière-petite-fille. - Un contre-amiral. - Un contre-coup. - Un arrière-vassal, - Une arrière-pensée. - Un contre-maître. - Une contre-épreuve. - Un contre-espalier. - Un crève-cœur. - Un appui-main.

CXCV.

Choisissez l'expression correcte et donnez la raison de votre choix.

L'aigle, pourvu *ou* pourvue de grandes ailes, de fortes serres, d'un bec tranchant, est né *ou* née pour vivre de rapine. - Les aigles romains *ou* romaines furent longtemps victorieux *ou* victorieuses. - Les

Cosaques sont les avants-coureurs *ou* avant-coureurs de l'armée russe. - Il est doux de passer sa vie auprès des gens instruits et vertueux *ou* instruites et vertueuses. - Vers le mois de septembre on aperçoit pendant la nuit, à la campagne, un grand nombre de vers-luisant *ou* vers-luisants. - Les délices que promet le monde sont trompeurs *ou* trompeuses : il n'y a que celles *ou* ceux que l'on goûte dans le service de Dieu, qui soient vrais *ou* vraies. - Plusieurs croient *ou* croit que la plupart des évènements est *ou* sont des effets du hasard. - Le premier orgue *ou* la première orgue que l'on ait vu *ou* vue en France avait été donnée *ou* donné à Pépin par l'empereur grec Constantin-Copronyme. - Quand un de nos rois rentrait autrefois dans une ville de nos provinces, la foule joyeuse encombrait *ou* encombraient les rues et les places où il devait passer.

CXCVI.

MÊME EXERCICE.

Combien déjà t'ont *ou* t'a devancé. - Le grand nombre d'amis que cet homme a eu pendant sa vie prouve *ou* prouvent qu'il mérite d'être regretté. - Une foule de personnes se pressait *ou* se pressaient dans la salle de l'exposition. - On voit un grand nombre de personnes qui sacrifie *ou* sacrifient l'avenir au présent. - Une troupe d'enfants descendait *ou* descendaient la colline en chantant. - Une quantité de détails intéressants sur l'histoire des peuples anciens ont été perdus *ou* a été perdue par suite de la destruction de la bibliothèque d'Alexandrie. - Le nombre des fidèles s'accrurent *ou* s'accrut à un tel point que les apôtres, ne pouvant suffire à leurs besoins, choisirent sept hommes, à qui ils conférèrent le diaconat, afin qu'ils prissent soin des pauvres, et qu'ils présidassent aux tables. - Arrivé au lieu de son supplice, Etienne reçoit, sans émotion et sans trouble la grêle de pierres qui doivent *ou* qui doit lui arracher la vie. - Un grand nombre de Juifs de Damas résolurent *ou* résolut de mettre à mort un homme qui ruinait le judaïsme. - Beaucoup d'infidèles reçut *ou* reçurent le baptême. - La foule des auditeurs dominée *ou* dominés par la passion, commencèrent *ou* commença à leur jeter des pierres.

CXCVII.

SUR LES ADJECTIFS.

Les quelques points indiquent que l'adjectif masculin qui précède doit être employé au féminin.

Remarquez aussi que les adjectifs en eur *formés d'un participe présent par le changement de* ant *en* eur *sont les seuls qui fassent leur féminin en* euse. *Ainsi* parleur *qui vient de* parlant *fait* parleuse. — *Les adjectifs en* teur *qui ne sont pas formés d'un participe présent par le changement de* ant *en* eur *font leur féminin en* trice: conservateur, conservatrice. Il faut y ajouter* débiteur, exécuteur, inventeur, persécuteur, enchanteur, *quoique ces cinq derniers viennent des participes présents* débitant, exécutant, inventant, persécutant, enchantant. — Demandeur *et* vendeur *font* demanderesse *et* venderesse *en termes de justice. Hors de là ils font* demandeuse *et* vendeuse. — Amateur *sert pour les deux genres;* gouverneur *fait* gouvernante; serviteur *fait* servante; pécheur *fait* pécheresse; devin *fait* devineresse; franc *fait* franche; long *fait* longue; oblong *fait* oblongue; tiers *fait* tierce; malin *fait* maligne; bénin *fait* bénigne; favori *fait* favorite; coi *fait* coite; bas *fait* basse; gros *fait* grosse; gras *fait* grasse ; épais fait épaisse ; exprès fait expresse ; profès fait professe ; nul fait nulle ; gentil fait gentille ; paysan fait paysanne ; vieillot fait vieillotte ; sot fait sotte. — Les adjectifs terminés au masculin par et font leur féminin en ajoutant te : muet, muette. Il faut en excepter complet qui fait complète ; incomplet fait incomplète ; discret, discrète ; indiscret, indiscrète ; concret, concrète ; inquiet, inquiète ; replet, replète ; prêt, prête. — Les adjectifs terminés par x changent pour le féminin cet x en se : courageux, courageuse. Il faut en excepter doux qui fait douce ; faux qui fait fausse ; préfix, préfixe ; roux, rousse ; vieux, vieille.

A la fin de chacun des exercices suivants, ayez soin d'indiquer tous les adjectis employés comme noms.

(156, 157, 158, 159, 160.) — Un bœuf gras, une vache..... — Un gros chêne, une .... branche. — Un homme muet, une femme ..... — Un couteau pareil, une cuillère .... — Un ancien château, une ..... maison. — Un maintien paysan, une tournure ..... — Un bon livre, une ..... lecture. — Un travail continuel, une application ..... — Un vieil (ou un vieux) avare, une ..... femme. — Un homme veuf, une femme .... — Un serviteur actif, une servante ..... — Un œil vif, une impression ..... — Un mot bref, une parole ..... — Un livre instructif, une lecture .... — Un criminel fugitif, une esclave ..... — Un enfant oisif, une personne .... — Un chapeau neuf, une robe ..... — Un aveu franc, une conduite ..... — Un terrain sec, une terre ..... — Un œuf frais, de la viande ..... — Un écrit public, une annonce .....

CXCVIII.

MÊME SORTE D'EXERCICE.

(160, 161.) — Un âge caduc, une santé ..... —

Un livre turc, une pipe..... — Un dictionnaire grec, une histoire.... — Un beau chapeau, une.... croix. — Un bel avenir, une ..... âme. — Le nouvel an, la ..... année. — Un oiseau parleur, une femme ..... — Il a été nommé ambassadeur, elle a été nommée ...... — Dieu protecteur! Vierge .... — Cet homme s'est fait acteur, cette femme s'est faite ..... — Quand il y a procès, il y a toujours un homme qui est demandeur contre un autre qui est défendeur, ou une femme qui est .... contre une autre qui est ......

CXCIX.

MÊME SORTE D'EXERCICE.

Un homme vif, une femme .... — Le péché actuel, la grâce ..... — Du pain sec, de la viande ..... — Un protecteur, une ..... — Un manteau long, une robe ..... — Un chant joyeux, une chanson ..... — Un édifice colossal, une statue ..... — Un cœur généreux, une âme ..... — Un son final, une lettre ..... — Un ouvrage complet, une phrase ..... — Un caractère faux, une âme..... — Je suis son débiteur, je suis sa .... — Le directeur, la ..... — Un lecteur, une ......— Un cœur droit, une âme ..... — Un commandement exprès, une défense ..... — Un religieux profès, une religieuse ..... — Du drap épais, une étoffe ..... — Un gros bloc, une ..... masse. — Le favori du roi, la ..... de la reine. — Un livre oblong, une table .... — Un caractère bas, une âme ..... — Un livre complet, une somme ..... — Un homme muet, une femme ..... — Un bénéfice net, une somme ..... — Ton frère est prêt, ta sœur est ..... — Un avertissement secret, une remontrance .....

CC.

MÊME SORTE D'EXERCICE.

Un amusement permis, une récréation ..... — Un homme malin, une femme ..... — Un grand pécheur, une grande ..... — Mon père est votre débiteur, ma mère est votre ..... — Un balayeur, une ..... Un enfant paresseux, une petite fille ... — Le gouverneur, la ..... — Votre serviteur, votre ..... — Un devin, une ..... — Un air bénin, une physionomie ..... — Un air mystérieux, une parole ..... — Un air inquiet, une figure ..... — Un bavardage continuel, une attention .... Le perroquet bavard, la pie .... — Un mot favori, une expression ..... — Un magasin complet, une boutique ..... — Le perroquet indiscret, la pie .... — Un voleur, une ..... — Nul égard, ... attention. — Un vieux bouquin, une ..... armoire. — Il demeura coi, elle demeura .... — Il s'est fait coiffeur, elle s'est faite ..... — Un persécuteur, une ..... — Un vendeur de harengs, une ..... de crevettes.

CCI.

MÊME SORTE D'EXERCICE.

L'animal cruel, la bête ..... — Un dîner frugal, une collation ..... — Le pont neuf, la rue .... — Le temps froid, la saison ..... — Le temps pluvieux, la saison ..... — Un pays malsain, une ville ..... — Un long évangile, une ..... épître. — Un caractère doux, une parole ..... — Un faux rapport, une ..... signature. — Un vieux homme, une .... femme. — Votre père est las de vos sottises, votre mère est .... de vos étourderies. —

Notre conducteur, notre .... — L'animal féroce, la
bête .... — Mon bienfaiteur, ta .... — Mon père
est mon meilleur ami, ma mère est ma .... amie.

CCII.

*Les quelques points qui accompagnent un nom
signifient que l'adjectif singulier qui précède, doit
être là employé au pluriel.*

(35, 162.) *Remarquez que les adjectifs terminés
au singulier par* s *ou par* x *ne changent pas pour
le pluriel ; que ceux terminés en* au *prennent un* x
pour former leur pluriel.

Un livre original, des hommes ..... — Un écrit
moral, des contes .... — Un point capital, des péchés .... — Le terme fatal, des effets .... — Un
effet théâtral, des effets ..... Un son nasal, des
sons .... — Un lieu principal, des lieux ....

*Mettez au pluriel masculin et au pluriel féminin
les adjectifs suivants :*

Expérimental. — Médicinal. — Diagonal. — Vocal.
— Instrumental. — Naval. — Brutal. — Grammatical. —
Déloyal.

*Mettez au pluriel masculin les adjectifs qui
viennent ci-après :*

Collége électoral. — Adjectif verbal. — Adjectif numéral ordinal. — Adjectif numéral cardinal. — Rapport social. — Nombre décimal. — Juge impartial. —
Jour fatal. — Un homme courageux. — Un homme
gris. — Le siége archiépiscopal. — Un ouvrage nouveau. — L'heureux instant. — Le gros livre. —
L'enfant courageux. — Le serviteur laborieux. —
Le père prudent. — Un homme vaillant. — Un enfant diligent. — Un animal intelligent. — Un person-

nage savant. — Un écolier ignorant. — Un secours urgent. — Un visage rayonnant. — Un cœur content. — Un esprit lent.

CCIII.

Copiez ou lisez le numéro **163** *de la grammaire et indiquez dans les phrases ci-après les adjectifs qui sont employés comme noms.*

Tout bon maître doit mêler l'utile à l'agréable. — La vertu seule fait des heureux. — Le brutal n'est pas aimé. — Le juste ne craint rien ; le méchant a tout à craindre. — Le fort doit prendre le faible sous sa protection. — Que l'impie tremble devant le Saint des saints ; car si Dieu est bon pour les justes, il est terrible pour les méchants. — Se venger est d'un lâche, pardonner est d'un sage.

Copiez ou lisez le numéro **164** *de la grammaire et indiquez les noms qui sont employés comme adjectifs.*

L'homme sacrilège est un être abominable. — Cet enfant est orphelin depuis deux mois. — Bien des hommes voudraient à trente ans redevenir écoliers. — Cet enfant fait honneur à ses parents, par sa conduite sage et réglée. — O Marie ! montrez que vous êtes mère de Jésus et des hommes. — Dieu est vérité, l'homme n'est que mensonge.

CCIV.

Choisissez les mots corrects et dites pourquoi on doit écrire ainsi :

(165, 166, 167, 168, 169.) — J'ai, en ce moment, une demie-heure *ou* une demi-heure à vous consacrer. — Il est maintenant une heure et demie *ou* demi. — Donnez-moi une demie-livre *ou* demi-livre de chocolat et une livre et demie *ou* demi de cassonade. — Cette pendule sonne les heures, mais elle ne sonne pas les demies *ou* demi *ou* demie. — Ma bonne enfant, pourquoi marchez-vous les pieds nu *ou* nus? — Ces gens-là vont toujours nues-jambes *ou* nu-jambes. — Les hommes se tiennent tête-nue *ou* nu en présence du Saint-Sacrement; mais il serait inconvenant qu'une femme entrât nu-tête *ou* nue-tête dans une église. — Cette nation est encore à demi-barbare *ou* demie-barbare. — Je trouvai une noblesse, une grandeur d'âme étonnante *ou* étonnantes dans cet enfant qui avouait si ingénûment ses torts. — Cette femme a l'air méchant *ou* méchante.

CCX.

MÊME SORTE D'EXERCICE.

Les dieux et les demi-dieux *ou* demis-dieux du paganisme n'étaient que des êtres sortis du cerveau des poètes. — La plupart des horloges publiques sonnent les heures et les demi *ou* demies. — Dix kilomètres égalent deux lieues et demie *ou* demi. — La politesse exige que les hommes parlent tête-nue *ou* nu à leurs supérieurs. — Supposé *ou* supposés les faits tels que les raconte *ou* racontent la plupart des coupables, on n'aurait jamais que des innocents à juger. — Saint Louis porta la couronne d'épines, nue-tête *ou* nu-tête, depuis le bois de Vincennes jusqu'à l'église Notre-Dame. — Tous les hommes, excepté *ou* exceptés huit périrent sous les eaux du déluge. — Les demis-savants *ou* les demi-savants sont ceux qui présument savoir beaucoup, quoiqu'ils sachent peu. — Cette personne a l'air spirituelle *ou* spirituel. — Les Pharisiens avaient l'air bons *ou* bon et ce n'étaient que des hypocrites.

CCVI.

MÊME SORTE D'EXERCICE.

Cette viande a l'air fraîche *ou* d'être fraîche. — La ville de Bruges et la ville de Cambrai sont très-anciennes *ou* ancienne. — La journée de Fontenoi et celle de Waterloo sont très-mémorables *ou* mémorable. — Ne tenez jamais aucun discours, aucun propos inconvenants *ou* inconvenant. — Cet enfant est d'une paresse, d'une nonchalance excessive *ou* excessives. — Il y a dans la véritable vertu, une ingénuité, une candeur qui se font *ou* se fait aisément remarquer. — Avec une application, une assiduité soutenue *ou* soutenues, on parvient en peu de temps à faire de grands progrès dans les études. — Ces jeunes gens-là ont l'air sots *ou* sot et ils sont spirituels. — Cette jeune personne a l'air spirituelle *ou* spirituel et elle est sotte. — Cette petite fille a l'air maligne *ou* malin. — Nous avons fait aujourd'hui quatre lieues et demi *ou* demie. — Cette personne apporte à tout ce qu'elle fait un feu, une ardeur très-grands *ou* très-grande. — Trois demies *ou* demie livre font une livre et demi *ou* demie. — Mes nièces s'y trouvaient toutes, Pauline et Sophie exceptées *ou* excepté. — Cet individu avait les cheveux et la barbe blanche *ou* blancs *ou encore* la barbe et les cheveux blancs. — Ces lettres sont d'une naïveté, d'une simplicité ravissante *ou* ravissantes.

CCVII.

Indiquez à quels degrés de qualification sont les adjectifs suivants.

(170, 171, 172, 173, 174, 175, 176, 177, 178,

7

179.) — Grand. — Remarquable. — Hardi. — Précieux. — Actif. — Infatigable. — Plus simple. — Plus courageux. — Plus solide. — Aussi bon. — Aussi rare. — Aussi long. — Aussi habile. — Moins vigoureux. — Moins pur. — Moins terrible. — Moins effrayant. — Moins joyeux. — Pire. — Moindre. — Meilleur. — Très-hardi. — Fort rare. — Très-humble. — Très-heureux. — Fort léger. — Le plus vaillant. — Le moins orgueilleux. — Ton plus beau. — Leur plus habile. — Votre plus docile. — Les plus savants. — Aux plus célèbres. — Le meilleur. — A la moindre. — Le pire. — Notre meilleur. — Son plus beau. — La plus aimable. — Les moins étourdis.

CCVIII.

MÊME SORTE D'EXERCICE.

Poli. — Moins aimable. — Aussi docile. — Plus appliquée. — Très-supportable. — Moins délicat. — Aussi mignon. — Le plus épouvantable. — La moins effrayante. — Les plus laids. — Aussi gracieux. — Votre plus joli. — La plus chère. — Les plus beaux. — Vain. — Léger. — Aussi agréable. — Très-simple. — Sa moins lourde. — Fringant. — Fort vif. — Insoutenable. — Très-patient. — Plus délicat. — Le moins utile. — La plus vraie. — Plus sévère. — Indulgent. — Très-compatissant. — Fort susceptible. — Obéissant. — Notre plus divertissante.

CCIX.

Indiquez à quels degrés de qualification sont les adjectifs renfermés dans les phrases suivantes :

Les mauvaises compagnies corrompent les bonnes

mœurs, détruisent les meilleures inclinations. — Il est plus doux de donner que de recevoir. — La ville la plus populeuse du monde est Pékin. — Une bonne santé est préférable aux plus grandes richesses. — La meilleure manière de reconnaître un bienfait, c'est de s'en souvenir et de le rappeler quelquefois à son bienfaiteur. — En Espagne, le plus simple artisan se fait qualifier de *Grâce*. — Le lion est le plus fier et le plus courageux de tous les animaux. — La lionne quand elle a des petits est plus terrible que le lion. — La femelle de l'eider est moins grande que le mâle. — L'eider a le dos blanc et le ventre noir, ou d'un brun noirâtre. — Le meilleur duvet, que l'on nomme duvet vif, est celui que l'eider s'arrache pour garnir son nid.

CCX.

Copiez ou lisez le numéro 180 de la grammaire, puis écrivez en toutes lettres les nombres suivants :

21. — 40. — 70. — 80. — 99. — 48. — 66. — 77. — 50. — 49. — 19. — 14. — 10. — 5. — 75. — 79. — 25. — 33 — 78. — 89. — 56. — 59. — 71. — 72. — 46. — 47. — 42. — 52. — 37. — 31. — 18. — 27. — 98. — 55. — 67. — 43. — 74. — 63. — 61. — 36. — 53. — 65. — 71. — 87. — 94.

CCXI.

MÊME SORTE D'EXERCICE.

24. — 17. — 90. — 81. — 34. — 11. — 22. — 85. — 68. — 29. — 30. — 82. — 97. — 91. — 25. — 51. — 69. — 85. — 96. — 13. — 54. — 92. — 38. — 83. — 41. — 20. — 58. — 62. — 95. — 16. — 35. — 44. — 76. — 88. — 23. — 12. — 26. — 39. — 28. — 64. — 45. — 84. — 57. — 93. — 73. — 15.

CCXII.

Choisissez les mots corrects et dites pourquoi on doit écrire ainsi :

(181, 182, 183.) — Avec trois cent *ou* cents soldats, Léonidas tua vingt milles *ou* mille Perses au passage des Thermopyles. — Une multitude de canaux traversent Amsterdam et forment quatre-vingts-dix *ou* quatre-vingt-dix îles réunies par deux cents quatre-vingts ponts *ou* deux cent quatre-vingt ponts. — Clovis se convertit au christianisme en quatre cent quatre-vingts-seize *ou* quatre cents quatre-vingt-seize. — Il y a à Francfort, ville d'Allemagne, un pont qui a deux cent quatre-vingt *ou* deux cents quatre-vingts pieds de long. — L'Amérique fut découverte en l'an mille quatre cent quatre-vingt-douze *ou* mil quatre cents quatre-vingt-douze. — Trois mille *ou* milles d'Angleterre font à peu près une lieue de France.

CCXIII

MÊME SORTE D'EXERCICE

Le Chimborazo qui est une des hautes montagnes du monde, a six mille cinq cent *ou* six milles cinq cents mètres de hauteur. — L'Amérique a plus de trois mille cinq cent *ou* trois milles cinq cents lieues de longueur. — La bataille de Bouvines eut lieu le dimanche vingt sept *ou* vingt-sept juillet mil deux cent quatorze *ou* mille deux cents quatorze. — Charlemagne fut couronné empereur d'Occident le jour de Noël de l'an huit cent *ou* huit cents. — Il y avait quatre milles *ou* mil *ou* mille ans que le monde existait lorsque Notre-Seigneur est venu sur la terre. — Les Israélites furent gouvernés par des juges pendant plus de trois cents *ou* trois cent ans. — Vingt-six *ou* vingt six îles réunies par trois cents *ou* trois cent ponts forment la ville de Gand, patrie de Charles-Quint.

CCXIV.

MÊME SORTE D'EXERCICE.

La fameuse tour de porcelaine de Nankin (ville de la Chine, en Asie) a neuf étages et huit cent quatre-vingts-quatre degrés *ou* huit cents quatre-vingt-quatre degrés. — Il périt, dit-on, au siége de Troie huit cents milles *ou* huit cent mille *ou* huit cent mil Grecs et sept cent mille *ou* sept cents milles Troyens. — La retraite des dix milles *ou* dix mille Grecs commandés par le général Xénophon est un des chefs-d'œuvre *ou* chefs-d'œuvres militaires de l'antiquité. Homère vivait environ quatre cent ans *ou* quatre cents ans après le siége de Troie, c'est-à-dire mil deux cents *ou* mille deux cents ans avant Notre-Seigneur. —Il y aura bientôt six milles *ou* mil *ou* mille ans que le monde existe.

CCXV.

Écrivez en toutes lettres les nombres qui se trou-vent dans l'exercice suivant :

Le déluge est arrivé l'an du monde 1656. — Charlemagne est mort l'an de grâce 814. — Le Mississipi (fleuve d'Amérique) parcourt une longueur de 4,800 mil *ou* mille *ou* milles ; c'est le plus grand fleuve du monde. — Racine mourut en 1699, et Louis XIV en 1715. — Dans le voisinage de la Guyane (1), il

---

(1) Grande contrée de l'Amérique méridionale. (Prononcez Gui-iane.)

y a une plaine de 40,000 kilomètres carrés, qui n'offre qu'un désert affreux pendant la saison sèche. — La ville de Douai a 24,000 habitants. — La lune a 2,400 lieues de circonférence. — Le jeune Tobie mourut à l'âge de 99 ans. — Voyez le chapitre 80, page 600. — Nous étions 200. — Ils partirent au nombre de 3,500. — Je vous envoie 80 beaux volumes in-octavo. — Charles V *dit* le Sage, mourut en 1380. — Il y a 2,600 ans que Rome a été fondée. — Mon aïeul a vécu 80 ans et mon bisaïeul 90. — Le massacre de la Saint-Barthélémy eut lieu le 24 août 1572 ; il y a de cela bientôt 300 ans. — Cette ville est située à 4 *ou* 5 mille *ou* milles ou mil de la mer.

CCXVI.

Choisissez les mots corrects et dites pourquoi on doit écrire ainsi :

(184, 185, 186). Les méchants même *ou* mêmes ne peuvent refuser leur estime aux gens vertueux. — La vertu seule nous élève au-dessus de nous-mêmes *ou* nous-même. — Il nous est beaucoup plus facile de vaincre nos ennemis, que de nous vaincre nous-même *ou* nous-mêmes. — Les mêmes *ou* même dangers qui sont des écueils pour les méchants, deviennent des occasions de mérite pour les bons. — Les chasseurs aux chamois courent sur le penchant des abîmes, gravissent les rochers les plus escarpés et se cachent mêmes *ou* même des heures entières dans la neige en attendant leur proie. — Les schismatiques, les idolâtres, les juifs mêmes *ou* même se convertiront vers la fin du monde. — Ils voulurent nous servir eux-mêmes *ou* eux-même de guides et de défenseurs. — Les apôtres répondirent aux prêtres juifs : « Jugez vous-même ou vous-mêmes s'il est juste de vous obéir plutôt qu'à Dieu. — A Jérusalem on exposait les malades sur des lits , afin que l'ombre de saint Pierre tombât sur eux , quand il passerait; on en apportait même *ou* mêmes des villes voisines , et tous s'en retournaient guéris.

CCXVII.

MÊME SORTE D'EXERCICE.

Ils renoncèrent à tout , même *ou* mêmes aux choses auxquelles ils devaient ce semble tenir davantage. Il en venait, même de bien loin , pour entendre l'homme de Dieu. — Nous croyons , vous et moi , les mêmes *ou* même vérités. — L'empereur n'est-il pas le maître de vous dépouiller de vos biens , de vous exiler, et même *ou* mêmes de vous ôter la vie ? — Ces deux enfants ont reçu les même *ou* mêmes principes , mais ils n'en ont pas profité de la même manière. — Les empereurs même *ou* mêmes sont devenus les adorateurs du Dieu qu'ils avaient persécuté dans ses disciples. — Les mêmes ou même motifs m'ont ramené ici. — Les planètes ont un mouvement de rotation sur elles-mêmes *ou* elles-même. — Cette admirable ressource est ainsi méprisée et abandonnée par ceux-là même *ou* mêmes qui auraient le plus pressant besoin d'y avoir recours pour apaiser la justice divine. — L'indifférence, la froideur , le mépris mêmes *ou* même avaient remplacé l'affection, le dévouement et le respect.

CCXVIII.

MÊME SORTE D'EXERCICE.

(184, 185, 186, 187, 188, 189). Quelque *ou* quelques *ou* quelles que soient vos richesses, ne méprisez jamais ceux qui sont pauvres. — Quelques *ou* quels que *ou* quelque crimes qu'ait commis un pécheur, s'il a recours à Marie, il ne périra point. — Justes, ne craignez point le vain pouvoir des hommes, quelque *ou* quelques *ou* quels que élevés qu'ils soient, ils sont ce que nous sommes. — Quelque *ou* quelle que chose que l'on dise aux impies, on ne saurait les convaincre. — Quelques *ou* quelque *ou* quels que vertueux que vous soyez, craignez de ne l'être jamais assez. — Quelque *ou* quelques *ou* quels que vains lauriers que promette la guerre, on peut être héros sans ravager la terre. — Le bonheur naît souvent du sein des malheurs même *ou* mêmes. — Connaissons-nous nous-mêmes *ou* nous-même, et nous connaîtrons ce qu'il y a de plus difficile au monde à connaître. — Quelque *ou* quelles que *ou* quelques soient les connaissances des savants, ils ignorent encore tous bien des choses. — Encore quelques *ou* quelque *ou* quels que efforts et vous atteindrez à votre but. — Envoyez-moi quels que *ou* quelque *ou* encore quelques bons livres — Nous avons les mêmes *ou* même prétentions, nous faisons les même *ou* mêmes efforts, et nous obtiendrons, j'espère, les même *ou* mêmes récompenses.

CCXIX.

MÊME SORTE D'EXERCICE.

(184, 185, 186, 187, 188, 189). Les richesses ne rendent pas l'homme heureux ; ceux même *ou* mêmes qui les possèdent ne sont pas satisfaits. — Si ces enfants se taisent, dit Notre-Seigneur aux Pharisiens, les pierres même *ou* mêmes parleront. — Les animaux même *ou* mêmes nous donnent souvent l'exemple de la plus sincère et de la plus touchante reconnaissance. — Souvent l'avarice de cet homme se decèle par quelque *ou* quelques *ou* quels que traits de mesquinerie. — Les amis même *ou* mêmes doivent se respecter, s'ils veulent rester longtemps amis. — Quels que *ou* quelque *ou* quelques mois après, il reconnut sa faute. — Juges de la terre, vous rendrez compte de vos sentences à Celui qui jugera les justes même *ou* mêmes. — Ne nous érigeons-nous même *ou* mêmes pas souvent en juges orgueilleux des ouvrages de Dieu ? — L'aveuglement qui résulte de la bonne opinion que nous avons de nous-mêmes *ou* nous-même, nous fait souvent tomber dans l'erreur. — On vit même *ou* mêmes des Mexicains se précipiter du haut du temple pour échapper à l'esclavage. — Quelque *ou* quels que *ou encore* quelles que soient les gens que vous ayez invité *ou* invités ou invitées, je ne pourrai me trouver à votre soirée.

CCXX.

A la place des points employez le mot tout *que vous ferez varier ou non suivant les règles* 190, 191, 192, 193.

..... les hommes doivent mourir. — Nous sommes .... égaux devant Dieu. — Quelle folie de consacrer .... sa vie au service des hommes et de ne rien réserver pour Dieu. — Aimons Dieu de .... notre cœur, de .... notre âme et de .... nos forces. — Il ne faut pas croire .... ceux qui se disent nos amis. — La vertu .... austère qu'elle est, fait goûter bien des plaisirs. — La nature .... belle qu'elle est ne saurait distraire une personne profondément affligée. — Il n'y a pas de gens dans le monde que l'on méprise davantage que les petits beaux esprits qui presque.... ont plus de prétention que de jugement. — ..... les lumières que le Maître du monde a réparties dans la nature, disparaissent pour les philosophes qui refusent de croire en Dieu.

CCXXI.

MÊME SORTE D'EXERCICE.

On vit alors .... les richesses des Indes affluer en Portugal. — Elle fut .... ébahie , ... stupéfaite en apprenant cette nouvelle. — .... nos instants appartiennent à Dieu , ils doivent .... être employés à accomplir sa divine volonté. — .... ces belles paroles ne m'apprennent rien. — Votre mère est .... souffrante depuis quelques *ou* quels que *ou* quelque jours. — Mes amis , suivez-moi .... — Elle a .... donné aux pauvres. — Ils étaient .... les antagonistes de Colomb. — Colomb avait rétabli la tranquillité dans la colonie , mais il n'avait pu prévenir à jamais le retour des mêmes *ou* même excès. — Il avait fait .... ses efforts pour rejeter la faute sur Colomb. — Bovadilla fit rendre la liberté à .... ceux que Colomb avait fait mettre en prison. — Ils avaient oublié non seulement .... élégance et .... noblesse de langage ou d'habitudes , mais le respect des lois et presque le sentiment de la justice.

CCXXII.

RÉCAPITULATION DES EXERCICES SUR L'ADJECTIF.

(Depuis 156 jusqu'à 194). Un œil sec ; une physionomie .... — Un costume ancien ; une coutume .... — Un crieur public ; une place .... — Un gros volume ; une .... somme. — Un habillement turc ; une histoire .... — Un rideau blanc ; une maison .... — Un cheval rétif ; une jument .... — Un homme caduc ; une femme .... — Un chapeau bleu ; une écharpe .... — Du pain frais ; de l'eau .... — Un homme actif ; une femme .. . — Un petit garçon

...cret ; une petite fille .... — Du pain sec ; des
...gues .... — Le châtiment capital ; la peine .... —
Un ouvrier adroit ; une ouvrière .... — Un long
chemin ; une .... route. — Un malheureux esclave ;
une ..... esclave. — Un pauvre captif ; une pauvre
..... — Un fait glorieux ; une action ..... — Un
trait héroïque ; une action .... — Un bonnet grec ;
une coiffure .... — Un désintéressement généreux ;
une action .... — Un peuple belliqueux ; une nation .....

CCXXIII.

Donnez le pluriel des adjectifs suivants :

Fatal. — Naval. — Théâtral. — Expérimental. —
Nasal. — Diagonal. — Instrumental. — Médicinal.
— Déloyal. — Cardinal. — Final. — Vocal. — Capi-
tal. — Mou. — Beau. — Fol. — Nouveau. — Bel.
— Mol. — Fou. — Nouvel. — Bleu.

*Dites à quels degrés de qualification sont les
adjectifs renfermés dans les phrases suivantes :*

Bruxelles est une belle ville.—Paris est une ville très-
grande; mais la ville de Londres est encore plus grande
que Paris, et Pékin est la plus grande ville du monde.—
Turenne était aussi sage que courageux.—Louis XII
fut autant aimé que Louis XI avait été détesté. —
L'Europe est six fois moins grande que l'Asie. — Un
proverbe dit : Il n'y a pire sourd que celui qui ne
veut pas entendre. — La lune est quarante-neuf fois
plus petite que la terre que nous habitons. — Sophie
est aussi studieuse que sa sœur. — Henri est plus
docile que son frère. — Votre mère est la plus aimable de toutes les dames de la ville. — Son père est
l'homme le plus instruit du pays — Mon aïeul est
très-gai. — Ma petite sœur est fort gentille.

CCXXIV.

Écrivez en toutes lettres les nombres suivants :

1854. — 1783. — 1799.—1804.—384.—1253. —
1364. — 1470. — 1192. — 1815. — 609. — 211.
— 582. — 996. — 155.— 728. — 1574. — 1093.—
477. — 1018. — 831. — 1140. — 1690. — 908.—
3086. — 10659. — 121. — 395. — 7211. — 10087.
778. — 4375.

CCXXV.

Choisissez les mots corrects et dites pourquoi on doit écrire ainsi :

Les pauvres, les riches, les rois mêmes *ou* même sont sujets à la mort. — Quelques *ou* quelque *ou* quels que bons que vous paraissent les hommes, ne vous fiez pas entièrement à eux avant de les bien connaître. — Quelque *ou* quels que *ou* quelques instruits que nous soyons, nous ne devons jamais nous fier à nos propres lumières. — Autrefois les esclaves étaient obligés d'aller tête nue *ou* tête nu, en signe de servitude. — Les grands seigneurs du Tonquin ne peuvent paraître à la cour que nus-pieds *ou* nu-pieds. — Les hirondelles bâtissent leurs nids avec un art, une adresse admirables *ou* admirable. — Les bienfaits même *ou* mêmes veulent être assaisonnés par des manières obligeantes. — Toute *ou* tout aimable que la politesse extérieure rende une jeune personne, il y a beaucoup de circonstances où cette amabilité se dément si elle n'est appuyée sur la vertu. — La valeur tout *ou* toute héroïque qu'elle est, ne suffit pas pour faire les héros.

CCXXVI.

SUR LE NOM ET SUR L'ADJECTIF.

Choisissez les mots corrects et dites pourquoi on doit écrire ainsi :

(De 119 à 194.) Les jeunes étourdis sont exposés à faire souvent des coq-à-l'âne *ou* des coqs-à-l'âne.— Il y a dans Paris plusieurs portails *ou* portaux fort beaux. — Les travails *ou* travaux de la campagne sont généralement plus rudes que ceux de la ville. — Les Romains ne vainquirent les Grecs que par les Grecs même *ou* mêmes. — Parmi ceux qui ont excellé dans les sciences physiques, on citera toujours en première ligne les Copernics *ou* Copernic, les Newton *ou* Newtons, les Descartes, les Galilée *ou* Galilées et les Savoisier *ou* Savoisiers. — Les gens qui craignent le plus de mourir sont ceux *ou* celles qui ont le plus mal vécu. — Dieu a fait toutes choses, avec une sagesse, une prévoyance admirables *ou* admirable. — Les délateurs sont détestés par ceux-là même *ou* mêmes qui s'en servent.—Quelque *ou* quelles que estimées que soient les richesses, elles ne sont estimables que dans les mains de l'homme bienfaisant.

CCXXVII.

MÊME SORTE D'EXERCICE.

Peu de nations comptent des Cicérons *ou* Cicéron et des Virgile *ou* Virgiles parmi ses orateurs et ses poëtes héroïques. — La fameuse muraille bâtie en Chine en l'an trois cent *ou* cents quarante-cinq avait quatre cent *ou* cents lieues de long sur quatre-vingt ou quatre-vingts de large. — Quelque *ou* quelle que facilité que vous ayez pour l'étude, quelle que *ou* quelque soit votre application, vous ne parviendrez jamais à connaître toutes les sciences; la vie d'un homme suffit à peine pour en effleurer quelques-unes. — C'est dans les écrits même *ou* mêmes de plusieurs ennemis de la religion que nous trouvons les plus pompeux éloges de la religion. — La Grèce tout *ou* toute polie et toute *ou* tout sage qu'elle était, comptait un nombre infini de dieux et de déesses. — Les gens d'esprit n'en ont jamais moins, que lorsqu'elles *ou* lorsqu'ils veulent en avoir. — La plupart des peines n'arrivent *ou* n'arrive si vite, que parce que nous faisons la moitié du chemin.

CCXXVIII.

MÊME SORTE D'EXERCICE.

Je n'avais plus que quelles que *ou* quelques *ou* quelque lieues à faire pour arriver au couvent. — On nous servit quels que *ou* quelque *ou* quelques légumes dont le sel faisait tout l'assaisonnement. — J'avais été arrêté à plus de deux cents *ou* cent lieues de la France. — Les tribunaux mêmes *ou* même de la pénitence, qui ont ailleurs quelle que *ou* quelque chose d'austère, conforme aux sentiments qu'ils doivent inspirer, ne présentent à Paris que des idées riantes. — Saint Pothin était faible, infirme, âgé de plus de quatre-vingts-dix *ou* quatre-vingt-dix ans. — Ces prisonniers reçoivent chaque jour un pain de deux livres et demie *ou* demi. — Sa Sainteté me reçut avec une bonté tout *ou* toute paternelle. — Les apôtres et les successeurs des apôtres, sachant que tout *ou* toutes les âmes sont également précieuses devant Dieu, recevaient tous *ou* tout ceux qui voulaient les écouter; et après les avoir éclairés des même *ou* mêmes lumières, les faisaient participer aux mêmes *ou* même sacrements. — Nous aurions eu autant et même plus de plaisir à converser avec les Michel-Ange et les Raphaël *ou* les Michel-Anges et les Raphaëls, que nous n'en avons eu à revoir les Aristotes et les Philippes *ou* les Aristote et les Philippe. — Ce serait défigurer ces chef-d'œuvre *ou* chefs-d'œuvres *ou* chefs-d'œuvre que de chercher à vous en donner une idée, même légère. — Je me levai en me frappant la poitrine, et mes larmes coulèrent avec plus d'abondance; mais ce n'étaient plus les même *ou* mêmes larmes.

CCXXIX.

SUR LE PRONOM.

Choisissez les mots corrects et dites pourquoi on doit écrire ainsi :

(194, 195, 196.) Je mets ma confiance en Dieu et ne serai *ou* je ne serai point trompé dans mon espérance. — Nous voulons contenter nos parents et nous réussirons *ou* et réussirons, si nous prions souvent le Seigneur de nous assister. — Voici ce que dit l'Esprit-Saint : Tant que vous serez utile à un grand, il vous emploiera; si vous avez du bien, il fera bonne chère avec vous, vous épuisera *ou* il vous épuisera, et à la fin il se moquera de vous *ou* se moquera de vous; il vous abandonnera, et ne sera *ou* et il ne sera nullement touché de la triste situation où vous vous serez mis pour lui.

Dites si le, la, les qui se trouvent dans les phrases suivantes sont articles ou pronoms.

Les personnes qui ont de *la* réputation et de *l'*honneur craignent de *les* faire perdre à ceux *même* ou *mêmes* qui en sont *le* moins dignes, comme on *le* voit par *le* trait que nous allons rapporter. Alphonse, roi d'Aragon, alla chez un joaillier avec plusieurs de ses courtisans. Il fut à peine sorti de la boutique que *le* marchand courut après lui se plaindre qu'on lui avait volé un diamant de grand prix. *Le* roi rentra chez *le* marchand avec toute sa suite et se fit apporter un vase plein de son. Il ordonna que chacun de ses courtisans y mit *la* main fermée et *l'*en retirât tout *ou* toute ouverte. Il commença *le* premier. *La* cérémonie faite, il fit vider *le* vase sur *la* table, et *le* diamant fut retrouvé. *Le* soin qu'eut ce prince de sauver *l'*honneur de celui qui avait commis *le* vol, et *le* moyen ingénieux qu'il employa, font *l'*éloge de sa grandeur d'âme et de son esprit.

CCXXX.

Choisissez les mots corrects et dites pourquoi on doit écrire ainsi :

(197, 198, 199, 200, 201, 202, 203, 204, 205, 206). Il faut aimer et pratiquer la vertu pour *la* pouvoir ou *le* pouvoir prêcher. — Tous les hommes sont-ils pécheurs? Oui, ils *les* sont ou *le* sont. — Tous les hommes en naissant sont esclaves du démon, et ils *le* ou *les* demeurent jusqu'à ce que le baptême ait effacé en eux la tache du péché originel. — Etes-vous les frères de Jésus-Christ? Oui, nous *les* ou *le* sommes. — On ne saurait être heureux sans la vertu; proposons-nous donc de toujours *le* ou *la* pratiquer. — Jésus visitait les malades et *le* ou *les* guérissait. — Vous êtes malheureux, mes amis, mais vous *l'*êtes ou *les* êtes par votre faute. — Les paresseux se préparent bien des regrets; aussi devons-nous *les* ou *le* plaindre. — Dieu nous ordonne d'obéir et nous *le* ou *les* devons faire. — Le Seigneur *en qui* ou *en lequel* nous mettons notre espérance ne nous a jamais trompés.

CCXXXI.

MÊME SORTE D'EXERCICE.

Il y deux choses *auxquelles* ou *à quoi* il faut s'ac-
coutumer sous peine de trouver la vie insupportable:
les injures du temps et les injustices des hommes.
— Si vous aimez la vie, ne prodiguez pas le temps,
car c'est l'étoffe *de laquelle* ou *dont* la vie est faite. —
De tous les attributs de Dieu, la bonté est celui *sans qui*
ou *sans lequel* on le peut moins concevoir. — La
Seine dans le lit *de qui* ou *de laquelle* viennent se
jeter l'Yonne, la Marne et l'Oise est un grand fleuve
qui passe à Paris. — Choisissez bien ceux *desquels*
ou *de qui* vous prendrez conseil. — Etes-vous la malade dont on m'a parlé hier? Je *le* ou *la* suis. — Etes-
vous souffrante, ma sœur? Je *le* ou *la* suis. — Seriez-vous les fils du gouverneur? Nous *le* ou *les*
sommes. — Ne sont-elles pas sages? Elles *le* ou *les*
sont. — Sont-elles aimées des pauvres? Elles *le* ou
les sont beaucoup.

CCXXXII.

MÊME SORTE D'EXERCICE.

Remarquez que soi *peut toujours se dire des
choses.*

(197, 198, 199, 200, 201, 202, 203, 204, 205, 206,
207, 208.) Les personnes *à qui* ou *auxquelles* je me suis
adressé se sont toutes montrées très-compatissantes.
— *C'est* ou *ce sont* vos tantes qui m'ont appris cette
grande nouvelle. — *C'est* ou *ce sont* votre père et
votre mère qui viennent d'arriver. — Vos maîtres
m'ont écrit; *c'est* ou *ce sont* eux qui m'ont mis si

8

bien au courant. — *Ce ne sera* ou *seront* pas vos cousines qui seront punies. — *Ce sera* ou *seront* votre père et votre oncle qui iront vous chercher. — Etes-vous la personne que j'ai entrevue hier soir chez ma mère? Je *le* ou *la* suis. — Seraient-ils envoyés pour nous arrêter? Ils *le* ou *les* sont. — Etes-vous la mère de ces enfants? Je *le* ou *la* suis. — *C'est* ou *ce sont* les ingrats, les meurtriers, les gens corrompus et les flatteurs qui louent le vice. — *C'est* ou *ce sont* les mauvaises lectures et les mauvaises compagnies qui gâtent la plupart des jeunes gens. — Etes-vous disciples du Christ? Nous *le* ou *les* sommes? — Etes-vous les deux enfants qu'on devait me présenter hier? Nous *le* ou *les* sommes. — Etes-vous la belle-mère du préfet? Je *la* ou *le* suis.

CCXXXIII.

MÊME SORTE D'EXERCICE.

Les bons livres, *c'est* ou *ce sont* des amis complaisants qui s'entretiennent avec nous quand il nous plaît, et que nous quittons quand nous voulons; *ce sont* ou *c'est* eux qui font trouver les douceurs de la société la plus charmante au milieu d'un peuple rustique et grossier; *c'est* ou *ce sont* eux qui nous offrent les richesses les plus précieuses de l'esprit humain. — *Ce n'est* ou *ne sont* pas ceux qui disent : Seigneur, Seigneur! qui entreront dans le royaume des cieux, mais ceux-là qui feront la volonté de Dieu. — *C'est* ou *ce sont* nous-*mêmes* qui voulons notre malheur, quand nous abandonnons Dieu et la vertu. — Quiconque rapporte tout à *lui* ou *à soi* n'a pas beaucoup d'amis. — Quiconque aime le travail se suffit à *soi*-même ou à *lui*-même. — Le menteur ne trompe habituellement que *soi* ou *lui*. — Celui qui ne pense qu'à *soi* ou qu'à *lui* est un égoïste. — *Ce n'est* ou *ce* ne sont pas ceux qui vous flattent qui sont vos meilleurs amis; c'est ou ce sont ceux qui ont le courage de vous avertir de vos défauts et de vous engager à vous en corriger.

CCXXXIV.

MÊME SORTE D'EXERCICE.

(De 194 à 208 inclusivement.) Une bonne action porte sa récompense avec soi ou avec elle. — La prière est le dernier lien qui nous attache au ciel : quand il se rompt, l'enfer s'ouvre et il reçoit ou et reçoit son nouveau sujet. — Tous les hommes sont-ils frères? Oui, ils le ou les sont en Jésus-Christ. — Si vous fréquentez des jeunes gens qui sont corrompus, vous le ou les deviendrez bientôt comme eux. — Lorsqu'on disait à la vertueuse reine de France, épouse de Louis XV, quelque chose (1) qui blessait l'honneur du prochain, elle refusait d'abord de le ou la croire. La chose devenait-elle publique, elle excusait la personne et elle n'en parlait plus ou et n'en parlait plus. — Ce n'est ou ce ne sont pas seulement les auteurs qui doivent demander des conseils et les recevoir avec docilité, c'est ou ce sont encore tous ceux qui veulent se bien conduire; on fait bien des fautes lorsqu'on est jeune et qu'on ne prend conseil que de lui-même ou que de soi-même. — Il n'y a que l'insensé qui se fie à soi-même ou à lui-même.

CCXXXV.

SUR LE NOM, L'ADJECTIF ET LE PRONOM.

Les *Turenne* ou *Turennes*, les Villars, les *Condé*

---

(1) Marie-Leckzinska.

ou *Condés* contribuèrent beaucoup à rehausser la
gloire de Louis XIV. — Il est beau de voir un jeune
homme faire de la vertu ses plus *chers* ou *chères*
délices. — Les deux *Corneilles* ou *Corneille* se sont
distingués dans la carrière des lettres. — Le duc de
Bourgogne, petit-fils de Louis XIV et élève de Fé-
nélon, s'exprimait avec une franchise, une candeur
admirable ou *admirables*. — La plupart des hommes *est aveuglé* ou *sont aveuglés* par leurs passions.
— Choisissez des amis *auxquels* ou *à qui* vous
puissiez vous confier. — Paris est une ville *à qui* ou *à*
laquelle se rattache de grands souvenirs.— *Quels que*
ou *quelque* féroces que soient les lions, on les appri-
voise cependant. — Les animaux, les plantes *mêmes*
ou *même* étaient adorés des anciens Egyptiens. —
Seriez-vous la nièce de notre amie? Je *le* ou *la* suis.
— Etes-vous cousine de la princesse? Je *le* ou *la*
suis. — On nous a envoyé *quatre-vingt* ou *quatre-*
vingts francs pour les petits Chinois. — Donnez-lui
quelques ou *quelles que* images. — *Quelque* ou
quelles que soient les excuses que vous apportiez,
on ne vous écoutera pas.

CCXXXVI.

MÊME SORTE D'EXERCICE.

On doit parler rarement de *lui* ou de *soi*. — Voyez
les honnêtes gens, estimez-les et liez-vous étroite-
ment avec *eux* ou avec elles. — *Quels que* ou *quel-*
que ou *quelques* habiles et *quelques* ou *quelque* ou
quels que éclairés que nous soyons, nous sommes
souvent pour nos propres affaires comme des méde-
cins malades qui ont besoin d'en consulter d'autres.
— Nous ne devons pas fréquenter les impies, nous
devons *mêmes* ou *même* les fuir. — La foule des
courtisans qui *environnent* ou *environne* les rois,

empêche ou *empéchent* la vérité d'arriver jusqu'à eux. — Les petits savoyards marchent ordinairement *nu*-pieds ou *nus*-pieds et tête-*nue* ou tête-*nu*. — Un grand nombre de personnes *croient* ou *croit* que le bonheur consiste dans les richesses. — Les *demies* ou *demi*-mesures sont presque toujours funestes. — *Tout* ou *toutes* affreuses, *tout* ou *toutes* horribles que furent les cruautés de Tibère, elles n'égalèrent pas celles de Néron. — Elles étaient *tout* ou *toutes* étonnées des belles choses qu'elles voyaient. — Il me semblait voir encore les *Condé* ou *Condés*, les *Turennes* ou *Turenne*, les *Luxembourg* ou *Luxembourgs*, les *Catinal* ou *Catinats*, les Villars commandant les armées du grand roi (Louis XIV). — A *quelle que* ou *quelque* nation que vous apparteniez, *quelque* ou *quelle que* opinion que vous professiez, sous *quelque* ou *quel que* drapeau que vous ayez combattu, vous ne pouvez vous empêcher d'admirer ces batailles gagnées, ces morts glorieuses, ces retraites savantes, en un mot *tout* ou *tous* ces beaux faits d'armes qui ont porté si haut la gloire militaire de la France.

CCXXXVII.

MÊME SORTE D'EXERCICE.

J'irai vous voir dans *quelques* ou *quels que* ou *quelque* jours. — L'orgue de cette église passe pour *le meilleur* ou *la meilleure* de la ville. — Nous avons rencontré les *même* ou *mêmes* personnes que vous. — Ces deux enfants ont les *mêmes* ou *même* défauts, mais ils ne font pas les *mêmes* ou *même* efforts pour s'en corriger. — Ils voulurent eux-*mêmes* ou *même* nous présenter à leur père. — *C'est* ou *ce sont* vos neveux qui ont remporté les plus beaux prix. — Ce *sont* ou *c'est* elles qui ont fait le plus de bien dans ce village. — Les règles de la prononciation sont les *mêmes* ou *même* que celles du discours écrit. — Les *Annibals*, les *Césars*, les *Bonapartes*, ou les *Annibal*, les *César*, les *Bonaparte*, étaient de grands capitaines. — Est-ce vous qui *avez* apporté ces *chou-fleurs* ou *chous-fleurs* ou *choux-fleurs*? — Voici deux *casse-noisettes* ou *casses-noisettes* ou *casse-noisette*. — Donnez-nous des *essuies-mains* ou *essuie-mains* ou *essuie-main*. — Des famines, des pestes, des guerres terribles seront les *avants-coureurs* ou *avant-coureur* ou *avant-coureurs* de la fin du monde. — *Quelque* ou *quels que* ou *quelques* soient les projets de ce méchant homme, nous les déjouerons, j'espère. — Apportez-nous une douzaine de *serre-tête* ou *serres-têtes* ou *serres-tête*. — Mon perroquet et ma pie sont d'excellents *réveilles-matin* ou *réveille-matins* ou *réveille-matin*.

CCXXXVIII.

Après le déluge la vie des hommes ne fut plus que de deux ou trois *cent* ou *cents* ans. — Le royaume de Juda dura *trois cent soixante-quinze* ou *trois cents soixante-quinze* ans. — Respecte l'infortune dans tous ceux qui en éprouvent les atteintes, lors *même* ou *mêmes* qu'ils ne sont pas plongés dans une indigence absolue, lors *mêmes* ou *même* qu'ils ne te demandent rien. — Es-tu heureuse, ma bonne mère? Je *la* ou *le* suis et *le* ou *la* serai toujours aussi long-temps que tu te montreras ami de la religion et de la vertu. — Les maîtres dédaigneux et *brutals* ou *brutaux* sont toujours détestés par ceux-là *mêmes* ou *même* qu'ils paient le mieux. — Accorde libéralement *tout* ou *toute* espèce de secours à celui qui en a besoin. — Si *quelque* ou *quelques* ou *quelles que* personnes travaillent à dissiper la calomnie, il est rare qu'on les écoute. — La compassion envers les malheureux, et *même* ou *mêmes* envers les coupables, est toujours belle. — Aime les sociétés de bienfaisance, et si tu en as les moyens, *développe-les* ou *développe-le*. — Il est bon de savoir beaucoup de choses; mais après *tout* ou *tous*, ce qui vaut mieux dans l'homme, c'est la vertu. — Soyez poli envers *tout* ou *tous* le monde. — Croiriez-vous que cette princesse *tout* ou *toute* aimable, *tout* ou *toute* vertueuse qu'elle était, a rencontré beaucoup d'ennemis; *c'était* ou *c'étaient* des méchants pour qui ou pour *lesquels* sa conduite était une condamnation.

CCXXXIX.

SUR LE SUJET ET LE RÉGIME DES VERBES.

Choisissez les mots corrects et dites pourquoi on doit écrire ainsi:

(209, 210, 211, 212, 213 et 214.) — Un père et une mère *est* ou *sont* naturellement nos premiers amis. — La hardiesse et l'effronterie *rendent* ou *rend* un enfant désagréable. — La jeunesse et l'inexpérience nous *expose* ou *exposent* à bien des fautes, et par conséquent à bien des peines. — Le ciel et la terre *publient* ou *publie* la gloire de Dieu. — Ils écoutaient les merveilles que *racontait* ou *racontaient* saint Paul et saint Barnabé. — Sainte Perpétue et sainte Félicité *souffrit* ou *souffrirent* le martyre au commencement du troisième siècle. — Mon frère et ma sœur *arriveront* ou *arrivera* aujourd'hui. — *C'est* ou *ce sont* l'envie ou la calomnie qui *ont cherché* ou qui *a cherché* à déprécier Racine auprès de Louis XIV. — Ni mon frère ni le vôtre ne *sera* ou *seront nommé* ou *nommés* maire de la commune. — La manie de tout critiquer, ou la haine de la religion *poussèrent* ou *poussa* Voltaire à déclarer une guerre acharnée à ce qu'il y a de plus sacré. — Vous ou votre frère *sera* ou *serez* appelé un jour à être préfet. — Ni le temps ni le malheur ne *doit* ou *doivent* jamais faire perdre le souvenir d'un ami vertueux.

CCXL.

Ni les richesses ni les plaisirs ne *peuvent* ou ne *peut* rendre le calme à une conscience bourrelée par les remords. — Ni les biens, ni les joies de ce monde, *n'est* comparable ou ne *sont comparables* aux biens et aux joies qui sont réservés aux élus. — Ni les menaces, ni la vue des plus affreux supplices ne *purent* ou ne *put* ébranler le courage des *Laurent*, des *Ignace*, des *Agnès*, des *Cécile*, ou des *Laurents*, des *Ignaces*, des *Agnès*, des *Céciles*, qui désiraient souffrir pour l'amour de leur Sauveur. — Ni mon père, ni mon oncle ne *sont* ou *n'est* l'auteur de cette romance. — Ni ta mère ni ta tante ne *viendront* ou ne *viendra* nous voir aujourd'hui. — Charles ou Henri *sera nommé* ou *seront nommés* ministre des finances. — Votre mère ou moi *irai* ou *ira* ou *irons* vous chercher. — Ce fut au pied du Capitole que saint Pierre et saint *Paul termina* ou terminèrent leur vie par le martyre. — C'est vous ou votre frère qui nous *a* ou *avez* ménagé cette surprise agréable. — Mon père ou moi vous *conduirai, conduira, conduirons,* ou *conduiront*. — Ni sa jeunesse, ni son innocence, ne lui *fera* ou *feront* obtenir grâce auprès de ce maître cruel.

CCXLI.

MÊME SORTE D'EXERCICE.

(209, 210, 211, 212, 213, 214). La force de l'âme comme celle du corps, *sont* ou *est* le fruit de la tempérance. — La vertu, de même que le savoir *a son* prix ou *ont leur* prix. — L'envie, aussi bien que les autres passions, *est* ou *sont* une source de souffrances. La vue, ainsi que le récit des actions vertueuses

mènent ou mène à la vertu : l'une et l'autre *excitent*
ou *excite* notre courage et nous *portent* ou *porte* à
imiter les beaux exemples qu'*ils* nous *présentent* ou
qu'*il* nous *présente*. — Toute la religion, comme
tout le gouvernement *repose* ou *reposent* sur la piété
filiale. — L'envie, ainsi qu'un ver rongeur, *déchire*
ou *déchirent* le cœur de ce malheureux. — Ni Paul
ni Henri *n'est* ou *ne sont* l'homme que je cherche. —
Vous ou votre frère *remportera* ou *remporterez* le
prix d'histoire. — Mon corps, comme mon âme, *appartient* ou *appartiennent* à Dieu.

CCXLII.

MÊME SORTE D'EXERCICE.

Ni Louis-le-Débonnaire ni ses successeurs ne se
montra l'héritier ou ne se *montrèrent les héritiers*
des grandes qualités de Charlemagne — Ni le sexe,
ni l'âge ne *furent épargnés* ou ne *fut épargné*. — Ni
l'âge avancé de Boniface VIII, ni son caractère de
vicaire de Jésus-Christ, *n'arrêta* ou *n'arrêtèrent* les
soldats de Philippe. — Votre frère ou vous *sera* ou
serez nommé à cette charge — La richesse, de même
que la beauté *sont périssables* ou *est périssable* —
Beaucoup d'aplomb, une élocution facile *suffit* ou
suffisent pour paraître instruits; une étude approfondie seule peut rendre savant.

REMARQUE. Le verbe *être* précédé de *ce* et suivi
d'un nom pluriel ou d'un pronom de la 3ᵉ personne
du pluriel s'écrit cependant au singulier, quand ce nom
ou ce pronom pluriel est régime d'un autre verbe qui
vient après, comme dans cette phrase : *C'est* de vos
parents que nous tenons cette nouvelle. Nous tenons
cette nouvelle de qui? de vos parents. Parents est régime du verbe *tenir*; voilà pourquoi le verbe *être*
reste au singulier.

CCXLIII.

Ce sera ou *ce seront* Sophie ou Henriette qui *remporteront* ou *remportera* le prix d'arithmétique.—Le fils, comme le père, *est aimé* ou *sont aimés* de tout le monde. — L'un et l'autre vous *convient* ou vous *conviennent*. — *C'est* ou *ce sont* de mes tantes que je tiens ces bijoux.—*Ce sont* ou *c'est* des sottises que vous dites là. — *Ce sont* ou *c'est* de nos ancêtres que nous vient ce pieux usage. — *C'est* ou *ce sont* des Indes que nous venons. — *Ce sont* ou *c'est* des méchants qui ont inventé cette fable. — Ni votre père ni le mien *n'aura* ou *n'auront* le prix en question.—Ma mère et ma tante *est arrivée* ou *sont arrivées* ce matin.—*C'est* ou *ce sont* de bien braves gens que ces nouveaux voisins.—*C'est* ou *ce sont* de vos intérêts que nous nous occupons en ce moment. — *Ce sont* ou *c'est* d'eux que nous parlons.

CCXLIV.

Indiquez après chaque phrase les régimes directs et les régimes indirects des verbes en italique en faisant chaque fois la question nécessaire. — Remarquez qu'un nom précédé d'une des prépositions à, de, par, ne devient régime indirect que lorsqu'on peut faire immédiatement après le verbe la question à qui, de qui, par qui, ou à quoi, de quoi, par quoi.

(215, 216, 217, 218).—La vertu, que nous *négligeons* cependant, *survivra* seule à la ruine de l'univers. — Au milieu des peines dont la vie *est* souvent *traversée*, la prière seule, et surtout la prière du cœur, *apporte* à l'âme des consolations véritables. — A peine l'intelligence de l'enfant *s'ouvre*-t-elle à l'idée des devoirs, que la nature lui *crie*: « *Aime* tes *parents*. » — Aussi longtemps que tu *auras* le bonheur de *conserver* tes parents, *honore*-les, et *entoure*-les d'égards et de soins affectueux. Un serviteur *devait* dix mille talents à son maître. — Alors Simon-Pierre, qui *avait* une épée, la *tira*, et *frappant* un serviteur du Grand-Prêtre, il lui *coupa* l'oreille droite. Jésus dit à Pierre : « *Remettez* votre épée dans son fourreau. » — Pour *ruiner* la religion d'un seul coup, Julien l'apostat *entreprit* de *donner* un démenti à Notre-Seigneur en *rebâtissant* le temple de Jérusalem — Ne *déshonorons* pas le nom sacré d'ami, en le *donnant* à l'homme qui n'*a* point ou qui *a* peu de vertu.

CCXLV.

MÊME SORTE D'EXERCICE.

Les études superficielles *produisent* trop souvent des esprits médiocres et présomptueux. — Quand tu *as commis* une faute, ne *mens* jamais pour la *nier* ou la *pallier*. *Avoue* ton erreur; voilà la grandeur d'âme : et la honte que te *coûtera* cet aveu, te *vaudra* l'estime des honnêtes gens. — Nestorius ne se *soumit* pas au jugement du Saint-Siége. — L'empereur Constantin, surnommé Pogonat, *essuya* les larmes de l'Eglise, et *répara* les maux que lui *avaient faits* ses prédécesseurs. — Si tu *as offensé* quelqu'un, *aie* la noble humilité de lui en *demander* pardon. — La politesse, en te *dictant* des manières affectueuses, te *disposera* véritablement à l'affection. — Celui-là seul est vertueux, dont la reconnaissance *répond* à tous les bienfaits même aux plus légers. - Celui qui *porta* le dernier coup à l'empire des Perses fut Mahomet. — Toute l'Allemagne se *convertit* à la voix de saint Boniface, bénédictin d'Angleterre, que le souverain pontife Grégoire II *chargea* de *prêcher* l'Evangile dans tout le nord de l'Europe.

CCXLVI.

MÊME SORTE D'EXERCICE.

Indiquez le sujet et les régimes de chacun des verbes en italique, en faisant chaque fois les questions nécessaires.

Avant de remonter au Ciel, Notre-Seigneur *instruisit* à fond ses apôtres des vérités de la religion.— Le renard *ressemble* beaucoup au chien. — Le blaireau se *retire* dans les lieux les plus écartés et s'y *creuse* une demeure souterraine. — Je ne *crains* point la mort, *répondit* Cyrille, parce qu'elle *est suivie* d'une meilleure vie. — Martin se *distingua* par un tendre amour pour les pauvres.—Pour qui *travaillez*-vous? —Saint Martin *parcourut* plusieurs fois la Touraine avec un zèle infatigable. — *Ayez* le courage d'être doux, et *pardonnez* de cœur aux malheureux qui vous *nuisent* ou qui *voudraient* vous nuire — Celui qui se *présente* avec un extérieur grossier, défiant, dédaigneux, se *dispose* aux sentiments de malveillance.—D'un compliment *naquit* un jour l'ennui. — Dieu *a commandé* à la terre de nous *fournir* notre nourriture. — — Le zèle que le saint *montra* pour maintenir la pureté de la foi lui coûta la vie. — La réputation de saint Boniface se *répandait* dans la plus grande partie de l'Europe, et l'on *parlait* surtout de ses travaux apostoliques. — Le pape *permit* à saint Boniface de faire tous les règlements qui se*raient* nécessaires. — La tutelle et la régence *furent confiées* à Blanche de Castille.

CCXLVII.

MÊME SORTE D'EXERCICE.

Le commerce des honnêtes gens *polit* les manières, *augmente* les connaissances, *perfectionne* l'esprit et *forme* le goût. — Quand la calomnie *répand* son fiel et son poison, elle *ternit* tout. Si elle ne *peut détruire* entièrement l'estime et la réputation, elle *l'affaiblit* et en *diminue* l'éclat. — *Pliez* votre humeur dès la jeunesse, et vous *épargnerez* bien des chagrins aux autres et à vous-même. — *Payez* à l'ouvrier le prix de ses travaux. — *Chérissez* vos parents qui vous *ont prodigué* mille bienfaits.—*Suivez* les bons conseils que votre mère vous *a donnés*; elle ne *veut*, cette tendre mère, que votre bien. — *Appliquez*-vous au travail, car le fainéant *est détesté* de Dieu et des hommes. — Donnez de bonne grâce : une belle manière *ajoute* un nouveau prix au présent qu'on veut *faire*. — Les manières dures et impolies de *certains* ou *certaines* gens *gâtent* tout le bien qu'*elles* ou qu'*ils font*. — Dieu nous *a comblés* de faveurs. — Nous devons *aimer* nos parents et leur *obéir*. — L'histoire nous apprend que Dieu *a renversé* de leurs trônes les rois qui *avaient méprisé* ses lois. — L'hypocrisie est un hommage que le vice *rend* à la vertu.—Dieu nous *fait* un devoir d'*aimer* notre prochain. — Nous *travaillons* pour le Ciel, si nous travaillons pour *plaire* à Dieu. — Ce pauvre enfant *demande* du pain. — Je vous *prie* de m'*envoyer* des livres et du papier.

CCXLVIII.

Copiez ou lisez attentivement *l'analyse grammaticale qui suit, et remarquez qu'un nom précédé*

9

de l'une des prépositions à, de ou par ne devient complément indirect que lorsqu'on peut faire immédiatement après le verbe la question à qui, de qui, par qui ou à quoi, de quoi, par quoi. Ainsi dans ce membre de phrase : donnons-nous à Marie de tout notre cœur, *on se demanderait pour connaître le complément indirect,* donnons-nous à qui? *et la réponse serait* à Marie. *Mais cette expression* de tout notre cœur *n'est plus un complément indirect parce qu'on ne peut pas se demander :* donnons-nous de quoi? *interrogation bizarre qu'on ne comprendrait point.*

La très-sainte Mère de Dieu est aussi notre mère, elle veut nous prendre sous sa protection; donnons-nous à elle de tout notre cœur.

La	Article simple féminin singulier.
très	Adverbe modifiant l'adjectif *sainte.*
sainte	Adjectif qualificatif au superlatif absolu féminin singulier qualifiant le nom *mère.*
mère	Nom commun féminin singulier sujet du verbe *est.*
de	Préposition faisant rapporter le nom propre *Dieu* au nom commun *mère.*— *Mère de qui? de Dieu.*
Dieu	Nom propre masculin singulier complément de la préposition *de* et complément indirect du nom *mère.*
est	Verbe substantif au présent de l'indicatif, troisième personne du singulier à cause de son sujet *mère;* quatrième conjugaison. (Le verbe *être* ne peut jamais avoir aucune sorte de complément.)
aussi	Adverbe.
votre	Adjectif possessif féminin singulier.
mère.	Nom commun féminin singulier.

elle	Pronom personnel, troisième personne du féminin singulier, sujet du verbe *veut*.
veut	Verbe actif parce qu'on peut dire vouloir quelque chose; au présent de l'indicatif, troisième personne du singulier à cause de son sujet *elle*, troisième conjugaison.
nous	Pronom personnel première personne du pluriel des deux genres, complément direct de *prendre*. *Prendre qui?—Nous.*
prendre	Verbe actif parce qu'on peut dire prendre quelqu'un, prendre quelque chose; au présent de l'infinitif, quatrième conjugaison, complément direct de veut. (En effet si on demandait : La mère de Dieu veut quoi? On aurait pour réponse : nous prendre sous sa protection; donc c'est le mot *prendre* et le reste de la phrase qui forment le complément direct de veut.
sous	Préposition, fait rapporter le nom *protection* au verbe *prendre*. *Prendre sous quoi?* Sous sa protection.
sa	Adjectif possessif féminin singulier.
protection;	Nom commun féminin singulier, complément de la préposition *sous*.
donnons	Verbe actif à l'impératif, première personne du pluriel à cause de son sujet *nous* sous entendu, première conjugaison.
nous	Pronom personnel, première personne du pluriel des deux genres, complément direct du verbe *donnons*. *Donnons qui? — Nous.*
à	Préposition qui fait rapporter le pronom *elle* au verbe *donnons*. *Donnons-nous à qui? — A elle.*
elle	Pronom personnel, troisième personne du féminin singulier, complément indirect du verbe *donnons*.

de   Préposition.
tout   Adjectif indéfini masculin singulier.
notre   Adjectif possessif masculin singulier.
cœur   Nom commun masculin singulier, com-
        plément de la préposition *de*.

De tout notre cœur pourrait aussi être considéré
comme *locution adverbiale modifiant le verbe
donnons.*

Analysez de la même manière la phrase suivante:

Les enfants qui remplissent bien tous leurs devoirs
sont aimés de Dieu, de leurs parents et de leurs
maîtres.

CCXLIX.

REMARQUES SUR LES VERBES DE LA PRE-
MIÈRE CONJUGAISON.

*Choisissez les mots corrects et dites pourquoi il
faut écrire ainsi.*

(219, 220.) Les choses qu'on se *rappelle* ou
rappèle le mieux sont celles qu'on a apprises avec
peine. — A l'époque de la première communion, ou
renouvèle ou *renouvelle* les vœux du baptême. —
Un homme querelleur *jette* ou *jète* la discorde partout où il va. — Un homme indiscret est une lettre
décachettée ou *décachetée* que tout le monde peut
lire. — Cet enfant *répette* ou *répète* toujours la même
chose. — L'âme n'a point de secret que la conduite
ne *révèle* ou *révelle.*

*Conjuguez au masculin le présent et le futur
simple de l'indicatif des verbes :* amonceler, végéter, cacheter et répéter.

CCL.

Conjuguez au masculin le passé défini et le présent du conditionnel des verbes : Lever, rappeler, décacheter, espérer, carreler, empiéter, épousseter et peser.

CCLI.

Choisissez les mots corrects et dites pourquoi il faut écrire ainsi.

(221, 222, 223, 224, 225). Les enfants qui *employent* ou *emploient* bien tout leur temps font de rapides progrès dans les sciences. — Les instants que l'on *employe* ou *emploie* à l'étude ne laissent après eux aucun vide. — On fait une grossière malhonnêteté quand à table on se *nettoie* ou *nettoye* les dents. — Ceux qui craignent le danger le *fuyent* ou *fuient*. — Dieu veut que nous (*présent du subjonctif du verbe* fuir) les mauvaises compagnies.— Nos parents et nos maîtres demandent que nous soyons sages et que nous (*présent du subjonctif du verbe* employer) bien le temps de l'étude. — Nous nous (*présent de l'indicatif du* s'apitoyer) sur le sort de ces malheureux. — Je (*futur simple du verbe* s'appuyer) davantage sur le bon Dieu.

Conjuguez au féminin le présent et le futur simple de l'indicatif des verbes : Nettoyer, balayer et employer.

CCLII.

Conjuguez au masculin le présent de l'indicatif et le présent du subjonctif des verbes : Croire, fuir, voir, avoir, être et bégayer.

Conjuguez au féminin l'imparfait de l'indicatif et le présent du subjonctif des verbes : Employer, envoyer, prier, fuir et croire.

CCLIII.

Conjuguez au féminin le passé défini, le présent du conditionnel, l'impératif et le passé du subjonctif des verbes : Cacheter, niveler, végéter, rejeter, amonceler, répéter, jeter, relever, dépiécer et peser.

CCLIV.

Conjuguez au masculin le passé défini, le présent du conditionnel, l'impératif et l'imparfait du subjonctif des verbes : S'apitoyer, s'amonceler, se relever, s'employer, se croire, se nettoyer et se peser.

CCLV.

Conjuguez au masculin le présent, l'imparfait, le plus-que-parfait et le futur simple de l'indicatif des verbes : se lever, se rappeler, décacheter, espérer, carreler, empiéter, peser, épousseter et avoir.

CCLVI.

Conjuguez au féminin le présent, l'imparfait, le futur simple et le futur antérieur de l'indicatif des verbes : S'amonceler, s'apitoyer, se peser, se croire, se nettoyer, se relever, s'employer et avoir.

CCLVII.

Soit vanité ou modestie, il est rare que nous nous

(*présent du subjonctif du verbe* apprécier) bien nous-mêmes. — Pour que nous (*présent du subjonctif du verbe* prier) bien, il faut que notre âme ne soit agitée par aucune passion. — Si nous (*imparfait de l'indicatif du verbe* confier) nos secrets à tous ceux qui se disent nos amis, nous aurions bientôt sujet d'être fâchés de notre abandon.

Conjuguez au féminin l'imparfait de l'indicatif, le passé du conditionnel et le présent du subjonctif des verbes : Scier, réconcilier, se confier, payer, empaqueter et être.

CCLVIII.

MÊME SORTE D'EXERCICE

(De 219 à 228.) — Nous (*présent de l'indicatif du verbe* manger) pour vivre ; mais nous ne vivons pas pour manger. — Ne (*première personne plurielle de l'impératif du verbe* juger) pas des gens sur l'apparence. —Après le déluge, Dieu (*passé défini du verbe* abréger) de beaucoup la vie des hommes.

Conjuguez au masculin le présent, le passé défini, le passé antérieur, le futur simple et le futur antérieur de l'indicatif des verbes : Déranger, manger, ronger, abroger et bégayer.

CCLIX.

Remarquez que les verbes terminés au présent de l'infinitif par éger *conservent à tous les temps et à toutes les personnes l'accent aigu sur l'é qui précède le g.*

Conjuguez au féminin l'imparfait de l'indicatif, le passé antérieur, le futur simple et l'impératif des verbes : Abréger, alléger, enlever, déménager, creer, avouer, planchéier, noyer et céder.

CCLX.

Conjuguez au masculin le présent de l'indicatif, le passé indéfini, le présent et l'imparfait du subjonctif des verbes : Lever, côtoyer, renouer, nier, rapiécer, rapiéceter, rapatrier, ranger, recéler et renoncer.

CCLXI.

Conjuguez au féminin le passé indéfini, le passé antérieur, l'impératif et le passé du subjonctif des verbes : Déranger, manger, ronger, abroger, abréger, bégayer, nettoyer, balayer, employer et croire.

CCLXII.

Conjuguez au féminin le passé indéfini, le passé antérieur, l'impératif et le passé du subjonctif des verbes : Fuir, voir, avoir, être, bégayer, se lever, se rappeler, décacheter, espérer et carreler.

CCLXIII.

Conjuguez au masculin le plus-que-parfait de l'indicatif, le passé du conditionnel, l'impératif et le passé du subjonctif des verbes : Empiéter, peser, épousseter, se lever, côtoyer, renouer, nier, rapiéceter, rapiécer, ranger et rapatrier.

CCLXIV.

Conjuguez au féminin le futur simple, le futur

antérieur, l'imparfait du subjonctif et le plus-que-parfait du subjonctif des verbes : Recéler, renoncer, avouer, pincer, nager, se désespérer, se confier, se ployer, alléger et recacheter.

CCLXV.

Conjuguez en entier au féminin les verbes : Juger, céler, célébrer et dévier.

CCLXVI.

Conjuguez en entier au masculin les verbes : Décarreler, embrouiller, déchiqueter, déceler et déclouer.

CCLXVII.

Conjuguez en entier au féminin les verbes : Noyer, se fier, répéter et régner.

CCLXVIII.

La valeur *(présent de l'indicatif du verbe* suppléer) au nombre. — Dieu *(présent de l'indicatif du verbe* agréer) les prières de ses serviteurs. — Dans les arts, le travail ne *(futur simple du verbe* suppléer) jamais au génie. — Dieu *(présent conditionnel du verbe* agréer) nos supplications, si nous demandions toujours avec confiance et humilité. — *(Deuxième personne du singulier de l'impératif du verbe* créer)-toi beaucoup d'amis dans le Ciel.—Il faut ici-bas que l'homme *(présent du subjonctif du verbe se* créer) des ressources —Quand on doit, il faut payer ou *(présent de l'infinitif du verbe* agréer) ce proverbe

9*

signifie que quand on doit, il faut donner à son créan-
cier de l'argent, ou du moins de bonnes paroles. —
Dieu (*passé indéfini du verbe* créer) le ciel et la terre
en l'espace de six jours.

*Conjuguez au féminin le présent de l'indicatif,
le futur simple, le présent du conditionnel, l'impératif, le présent du subjonctif, le présent de l'infinitif et le participe passé du verbe* agréer.

CCLXIX.

*Conjuguez au masculin le passé défini, le futur
antérieur, le présent du conditionnel, l'impératif,
le passé du subjonctif, le passé de l'infinitif et le
participe présent des verbes :* Suppléer, se récréer et
créer.

CCLXX.

*Voyez le numéro 228 de la grammaire, choi-
sissez les mots corrects et dites pourquoi il faut
écrire ainsi.*

Cette fois encore personne ne *douta* ou *doutât* que
Hugues-le-Blanc ne *plaça* ou *plaçât* sur sa propre
tête la couronne de France. — Tant que Charles ne
fut qu'un enfant, il ne se *montrât* ou *montra* point
jaloux que la royauté eût été donnée *tout* ou *toute*
entière à son aîné. — Dans l'antique Lacédémone,
une loi voulait qu'un jeune homme se *levât* ou *leva*
à l'arrivée d'un vieillard; qu'il lui *cédât* ou *céda* le
pas, quand il le rencontrait. — A la vue du vieillard,
ce jeune homme se *levât* ou *leva* avec respect. —
Jésus-Christ *envoya* ou *envoyât* ses apôtres prêcher
l'Evangile par toute la terre. — Dieu a voulu que cet
homme extraordinaire *régna* ou *régnât* sur presque
toute l'Europe. — Carloman *renonçât* ou *renonça*

sans regret à toutes les grandeurs du monde; il se *coupa* ou *coupât* les cheveux de sa propre main, et *embrassât* ou *embrassa* librement et de sa propre volonté la vie humble et laborieuse du cloître. — Je n'aurais pas cru qu'elle *devinât* ou *devina* si juste.— Lorsque Pépin se *trouvât* ou *trouva* seul maître de l'empire des Francs, il se *décida* ou *décidât* à prendre enfin le titre de roi.—Ce fut dans sa famille qu'il *trouva* ou *trouvât* ses plus cruels ennemis.

CCLXXI.

MÊME SORTE D'EXERCICE.

Salomon *s'oublia* ou *s'oubliât* tellement sur la fin de sa vie qu'il *adora* ou *adorât* des dieux étrangers. — Je voudrais que tout le monde *adorât* ou *adora* le vrai Dieu. — Quand le coq *chanta* ou *chantât* pour la troisième fois, Pierre se ressouvint de ce que Jésus lui avait dit. — Personne ne trouvait ridicule que Charlemagne *chanta* ou *chantât* au lutrin. — Dans la loi de Moïse Dieu voulait qu'on lui *donna* ou *donnât* les prémices de chaque chose. — Néron était si dégradé qu'il se *donna* ou *donnât* plusieurs fois en spectacle aux Romains. — Pour punir les Juifs de leurs infidélités, Dieu permit que Nabuchodonosor *s'empara* ou *s'emparât* de Jérusalem.—Cyrus *s'empara* ou *s'emparât* de Babylone en détournant de son cours le fleuve l'Euphrate. — Alors la foule *oublia* ou *oubliât* la pitié, *demandât* ou *demanda* leur mort et les *accablât* ou *accabla* d'outrages. — Revenu de son évanouissement, l'illustre prisonnier *continua* ou *continuât* sa marche, qui *durât* ou *dura* deux heures encore. — Nous avons voulu qu'il *annonça* ou *annonçât* lui-même son départ.

156

REMARQUES SUR LES VERBES DE LA DEUXIÈME CONJUGAISON.

CCLXXII.

Voyez les numéros 229 et 230 de la grammaire, choisissez ensuite les mots corrects et dites pourquoi il faut écrire ainsi.

Un enfant qui honore ses parents est *bénit* ou *béni* de Dieu. — L'ange dit à Marie : « Vous êtes *bénite* ou *bénie* par-dessus toutes les femmes, et Jésus, le fruit de votre sein, est *béni* ou *bénit*. — Le peuple juif était un peuple *bénit* ou *béni* de Dieu. — Les familles bienfaisantes sont *bénites* ou *bénies* des pauvres. — Les armes qui ont été *bénites* ou *bénies* par l'Eglise ne sont pas toujours *bénites* ou *bénies* sur le champ de bataille. — Les gens simples (*présent de l'indicatif du verbe* haïr) les compliments, les façons et les cérémonies. — (*Première personne du pluriel du verbe* haïr) le péché, puisqu'il outrage Dieu. — Celui qui ose haïr son prochain est lui-même (*participe passé du verbe* haïr) de Dieu. — Le chrétien doit prier pour celui qui le (*présent de l'indicatif du verbe* haïr) comme pour celui qui l'aime. — Les païens disaient : Aime tes amis, (*deuxième personne du singulier du verbe* haïr) tes ennemis; les bons chrétiens disent : Aimons nos amis et nos ennemis. — Ces chapelets sont *bénits* ou *bénis*. — Les enfants respectueux et soumis sont toujours *bénits* ou *bénis* de Dieu. — Qu'elle soit mille fois *bénite* ou *bénie* la Vierge immaculée!

CCLXXIII.

Voyez les numéros 231 et 232 de la grammaire,

puis dites de chacun des verbes suivants pourquoi il se termine en ir ou en ire, en oir ou en oire

Déconfire. — Conduire. — Tenir. — Cuire. — Appartenir. — Dédire. — Fuir. — Gésir. — Contredire. Construire. — Revêtir. — Rendormir. — Ressentir. — Circoncire. — Rouvrir. — Recouvrir. — Circonscrire. — Revenir. — Confire. — Contredire. — Requérir. — Recourir. — Retenir. — Quérir. — Partir. — Pressentir. — Provenir. — Prévenir. — Parvenir. — Intervenir. — Déduire — Détruire. — Discourir. — Parcourir. — Produire. — Proscrire. — Percevoir. — Valoir. — Recevoir.

CCLXIV.

MÊME SORTE D'EXERCICE.

Prédire. — Ouïr. — Entr'ouvrir. — Ouvrir. — Obtenir. — Mourir. — Mentir. — Maudire. — Maintenir. — Intervenir. — Munir. — Instruire. — Inscrire. — Haïr. — Interdire. — Luire. — Lire. — Gésir. — Faillir. — Frire. — Ecrire. — S'enfuir. — Econduire. — S'enquérir. — Décrire. — Dire. — Découvrir. — Conquérir. — Courir. — Convenir. — Reconduire. — Recuire. — Reproduire. — Circonvenir. — Revenir. — Contrevenir. — Couvrir. — Consentir. — Détenir. — Desservir. — Discourir. — Rire. — Redire. — Reproduire. — Reconstruire. — Récrire. — Séduire. — Souscrire. — Traduire. — Assaillir. — Accueillir. — Asservir. — Transcrire. — Advenir. — Bouillir. — Contenir. — Suffire. — Sourire. — Cueillir. — Accourir. — Fleurir. — Appartenir. — Apercevoir. — Croire. — Devoir. — Concevoir. — Mouvoir — Prévoir. — Asseoir. — Voir. — Revoir. — Vouloir. — Boire. — Pourvoir. — Avoir.

158

REMARQUES SUR LES VERBES DE LA QUATRIÈME
CONJUGAISON.

CCLXXV.

*Voyez les numéros 233. 234, de la gram-
maire, puis conjuguez les verbes suivants aux trois
personnes du singulier du présent de l'indicatif :*

Attendre — Comprendre — Défendre. — Enten-
dre. — Feindre. — Joindre. — Moudre. — Mordre.
— Fendre. — Prétendre. — Peindre. — Répandre.
— Suspendre. — Revendre. — Tordre. — Recoudre.
— Résoudre. — Apprendre. — Déjoindre. — Ad-
joindre. — Atteindre. — Condescendre. — Coudre.

CCLXXVI.

MÊME SORTE D'EXERCICE.

Ceindre. — Confondre. — Correspondre. — Crain-
dre. — Découdre — Contraindre. — Détendre. —
Disjoindre. — Dépendre. — Désapprendre. — Dé-
teindre. — Détordre. — Étendre. — Entreprendre.
— Absoudre. — Enjoindre. — Fondre. — Feindre.
— Reprendre — Répandre. — Résoudre. — Res-
treindre. — Dissoudre. — Plaindre. — Retordre. —
Correspondre. — Atteindre. — Enfreindre. — Em-
preindre. — Enjoindre. — Suspendre. — Rejoindre.
— Descendre. — Sous-entendre.

CCLXXVII.

*Voyez encore les numéros 233, 234, 235, 236 de
la grammaire, puis choisissez les mots corrects et
dites pourquoi il faut écrire ainsi :*

Je *crains* ou *crainds* Dieu, et n'ai point d'autre
crainte. — L'homme juste et confiant en la divine
Providence ne *craind* ou *craint* ni la pauvreté, ni la
douleur, ni les maladies, ni la mort *même* ou *mêmes* (186). — Un homme franc ne *feint* ou *feind* jamais. — Je *prétens* ou *prétends* faire de vous de
bons chrétiens. — *Vens-tu* ou *vends-tu* des toupies ?
— Tout ce que tu *apprends* ou *apprens*, tâche de
l'apprendre avec le plus de profondeur qu'il te sera
possible. — La candeur, l'honnêteté d'un homme de
bien se *peind* ou se *peint* dans ses moindres discours.
— Le bois qu'on brûle se *résoud* ou *résout* en cendre et en fumée; le brouillard se *résoud* ou *résout*
en eau; l'eau se *résoud* ou *résout* en vapeur; les vapeurs se résolvent en pluie. — Notre mère nous *at-
tend* ou *attent* — Ce brave citoyen fut *absout* ou *absous.* — Il *revend* ou *revent* ses épiceries beaucoup
trop cher.—Quoique le bon roi Louis XVI fut l'homme le plus juste de son royaume, ses juges ne l'ont
pas *absout* ou *absous* de tous les prétendus crimes
qu'on lui imputait. — Dieu a *résolu* ou *résous* de ne
plus ensevelir le monde sous les eaux d'un déluge
universel. — Les brouillards se sont *résolus* ou *résous* en pluie.

CCLXXVIII.

*Voyez le numéro 237 de la grammaire, choisis-
sez ensuite les mots corrects et dites pourquoi il faut
écrire ainsi :*

Gardes-toi ou *garde-toi* de te réjouir lorsque tu
passes sur la tombe de ton ennemi : *(deuxième personne de l'impératif du verbe* jeter) plutôt un re-
gard pensif et silencieux sur celle qui s'entr'ouvre déjà
pour te recevoir. — *Aimes* ou *aime* tes parents. —
Toi, qui *souhaites* ou *souhaite* d'être aimé et res-

pecté, es-tu toujours au-dessus de tout reproche? — *Honores* ou *honore* l'image de tes parents et de tes aïeux, dans toutes les personnes affaissées sous le poids des ans. — *Porte* ou *portes* un respect filial à tous tes supérieurs, parce qu'ils sont tes supérieurs. — Si tu *tombes* ou *tombe* dans la misère, ne perds pas courage; *travailles* ou *travaille* pour vivre, et sans en rougir. — *Méprises* ou *méprise* le faux savoir: il est mauvais; mais *estime* ou *estimes* le savoir véritable qui est toujours utile. — *Ouvre* ou *ouvres* donc la fenêtre et *fermes* ou *ferme* la porte. — Te *rappelle-tu* ou *rappelles-tu* encore quelquefois les bons conseils de tes maîtres?

CCLXXIX.

MÊME SORTE D'EXERCICE.

Si tu sais beaucoup, ne *méprises* ou *méprise* pas pour cela l'ignorant. — Tu *oublies* ou *oublie* donc que Dieu te voit, que Dieu *t'entend* ou *t'entent*. — *Penses* ou *pense* quelquefois que des évènements imprévus pourraient te précipiter dans la misère. — Si tu *tombe* ou *tombes* dans la misère, *n'offres* ou *n'offre* pas le ridicule et misérable spectacle d'un pauvre orgueilleux. — *Ouvre* ou *ouvres* ton cœur avec confiance à un père qui te *chérit* ou *chéris*. — *Respectes* ou *respecte* les cheveux blancs qui entourent les tempes des vieillards. — Ne *ferme* ou *fermes* jamais ta paupière sans t'avoir demandé : Qu'ai-je fait aujourd'hui? — *Donnes* ou *donne* la main à cet enfant. — *Donne-tu* ou *donnes-tu* tous les jours ton cœur à Dieu en t'éveillant? — *Offre* ou *offres* ce beau bouquet à ta mère. — *Chantes-nous* ou *chante-nous* ta jolie chansonnette? — *Travaille-tu* ou *travailles-tu* avec courage? — Ne *loues* ou *loue* pas un homme pour sa bonne mine. — Ne *conteste* ou *contestes* pas avec un grand parleur. — Tu *pèse* ou *pèses* ton or dans la balance, *pèse* ou *pèses* plutôt tes paroles. — Rien ne *manque* ou *manques* à celui qui a la crainte du Seigneur. — *Écoutes* ou *écoute* donc la jolie musique.

CCLXXX.

Laisses ou *laisse* les fous agir sans aucun but. — Quand ton âme est dans la langueur, *ouvre-toi* ou *ouvres-toi* à un ami vertueux : la douce voix de l'amitié est le plus sûr remède contre l'affliction — *Couvre* ou *couvres* par l'aumône la multitude de tes péchés. — *Offre* ou *offres* à Dieu tes premières années, car Dieu *agrée* ou *agrées* les prémices de chaque chose. — Ma fille, *cueilles* ou *cueille* cette belle rose. — Tu *cueilles* ou *cueille* toutes mes fleurs. — *Ouvres* ou *ouvre* cette armoire, tu y trouveras ce que tu *cherche* ou *cherches*. — Te *rappelle-tu* ou *rappelles-tu* encore les leçons si touchantes de notre bonne mère? — *Attache-toi* ou *attaches-toi* à Dieu de toutes tes forces et de tout ton cœur et tu seras heureux. — *Donne-moi* ou *donnes-moi* du bonheur. — *Noues* ou *noue* les cordons de ta chaussure. — *Mange* ou *manges* proprement. — *Prie* et *espère* ou *pries* et *espères* et le secours de Dieu ne tardera pas à paraître. — Tu ne *balaies* ou *balaie* pas bien. — *Tailles* ou *taille* ces crayons. — *Enlèves* ou *enlève* toutes ces toiles d'araignée. — *Ferme* ou *fermes* donc ce pupitre. — *Prête-moi* ou *prêtes-moi* ton canif. — *Donne-lui* ou *donnes-lui* tes ciseaux. — *Travaille-tu* ou *travailles-tu* encore pour les pauvres? — *N'oublies-tu* ou *n'oublie-tu* pas notre loterie?

RÉCAPITULATION DES EXERCICES SUR LE SUJET, LE RÉGIME DES VERBES ET LES REMARQUES SUR CERTAINS VERBES

CCLXXXI

(Voyez dans la grammaire les numéros 209, 210. et suivants jusqu'à 240.)

Nommez après chaque phrase, les sujets, les compléments directs et les compléments indirects des verbes en italique.

Un historien romain rapporte qu'un vieillard *demanda* un jour une grâce à l'empereur, qui ne voulut pas la lui *accorder*. Ce bonhomme, croyant qu'on la lui *refusait* à cause de sa vieillesse s'avisa d'une plaisante invention pour *tromper* le prince. Il *peignit* ses cheveux en noir, et retourna ainsi à la cour. L'empereur *reconnut* l'artifice et lui dit en plaisantant : Ce que vous me demandez, je l'*ai* déjà *refusé* à votre père. — Le trop long sommeil *nuit* au corps et à l'âme. — La diligence et le travail *apportent* les richesses, mais la paresse et le sommeil *sont* souvent *suivis* de l'indigence. — Caïn n'*écouta* pas l'avertissement de Dieu et *conserva* sa haine dans le cœur. — Dieu nous *avertit* d'éviter le mal ; il nous *avertit* intérieurement par la voix de la conscience. *Écoutez* toujours cette sainte voix de Dieu et suivez-la. — Lorsque nous *réussissons* dans notre travail, *élevons* vers Dieu nos cœurs reconnaissants.

CCLXXXII.

MÊME EXERCICE QUE LE PRÉCÉDENT.

David se *rendit* à la ville de Machanaïm, près du

désert Là il *disposa* son armée, qu'il *partagea* en
trois corps. Le premier *était commandé* par Joab,
le second par Abisaï, et le troisième par Ethaï. David
se *tenant* sous la porte de la ville, fit *défiler* devant
lui toutes ses troupes. Mais, avant de *donner* le signal
du départ, il *fit* cette recommandation à ses généraux : « *Conservez*-moi mon fils Absalon. » — Seigneur, vous *sondez* les replis les plus secrets de mon
âme, et vous me *connaissez* parfaitement. — Le
Seigneur *connaît* toutes les pensées des hommes. —
Eloignez-vous du mal, et *faites* le bien; *cherchez*
la paix et *poursuivez*-la. — Le juste *est* quelquefois
affligé de beaucoup de maux; mais le Seigneur le *dé-
livrera* de toutes ses afflictions. — David *donna* à
Salomon le plan et le modèle du temple, et lui *fit re-
mettre* une immense quantité d'or et d'argent. — On
immola des victimes sans nombre, et l'on *fit* des
festins de réjouissance en la présence du Seigneur.
— Celui qui profite des avis et des corrections est
dans le chemin de la vie; mais celui qui *néglige* les
réprimandes s'*égare*.

CCXXXIII.

La nature (*présent de l'indicatif du verbe se renouveler*) au printemps.—Celui qui (*présent de l'in-
catif du verbe* empiéter) sur le bien de son prochain
est un voleur. — L'élève qui (*présent de l'indicatif
du verbe* comprendre) les obligations qu'il a à remplir envers Dieu et envers ses parents (*futur simple
du verbe* employer) toujours bien son temps — Il
faut que nous (*présent du subjonctif du verbe* croire)
à la vertu pour pouvoir la pratiquer. — *Des* ou *de*
nouveaux besoins (*présent de l'indicatif du verbe*
créer) *des* ou *de* nouvelles industries. — L'empereur romain Maximin-Hercule (*imparfait de
l'indicatif du verbe* manger), dit-on jusqu'à

quarante livres de viande par jour et buvait huit
bouteilles de vin. — Abraham et Isaac furent *bénits*
ou *bénis* de Dieu à cause de leur obéissance.—Notre-
Seigneur aime tant les hommes qu'il *versât* ou *versa*
tout son sang pour leur salut. — Les martyrs aimaient tant à souffrir pour Jésus-Christ qu'ils désiraient longtemps par avance qu'on *versât* ou *versa*
tout leur sang. — Celui qui *(présent de l'indicatif
du verbe* craindre) Dieu, deviendra sage, s'il ne l'est
déjà. — Dieu *réparât* ou *répara* les pertes que l'hé-
résie et le mahométisme faisaient faire à l'Eglise. —
Je voulus qu'il *marchât* ou *marcha* et il *marchât*
ou *marcha* aussitôt. — Il *passât* ou *passa* son temps
à étudier sérieusement. —Elle ne *chanta* ou *chantât*
pas, mais elle *déclamât* ou *déclama quelles que* ou
quelque ou *quelques* jolies fables.

CCLXXXIV.

Le juge avait donné ordre en secret qu'on se *con-
tenta* ou *contentât* de lui faire peur. - La vengeance
divine *éclatât* ou *éclata* sur Valérien qui fut un des
plus cruels persécuteurs du christianisme. - La peste
succéda ou *succédât* à tous ces maux. - La mer
inondât ou *inonda* plusieurs villes. - Il n'y avait
point de maison qui ne *pleurât* ou *pleura* quelque
mort. - L'empereur Aurélien *(passé défini du verbe*
changer) tout-à-coup de conduite à l'égard des chrétiens. - Je vous *(présent de l'indicatif du verbe*
envoyer) des oranges délicieuses. — Le juge les *con-
damna* ou *condamnât* tous deux au même supplice.
- Une dame païenne qui *(imparfait de l'indicatif
du verbe* songer) à embrasser la foi, fit enterrer se-
crètement les saintes reliques. - Si tu ne *sacrifies*
ou *sacrifie* à nos dieux, *ajoutât* ou *ajouta* le préfet,
je te ferai mourir dans les plus cruelles tortures. -
(Deuxième personne du singulier de l'impératif du

verbe jeter) ta balle. - (*Deuxième personne du singulier de l'impératif du verbe* répondre) -lui tout de suite. - Le préfet *ordonna* ou *ordonnât* que Quentin *fut* ou *fût* renfermé dans une étroite prison. Un ange l'y *visitât* ou *visita*, et lui *commanda* ou *commandât* d'aller instruire le peuple. L'éclat de ce miracle *donnât* ou *donna* tant de force aux paroles du saint qu'il convertit près de six *cent* ou *cents* personnes. Ses gardes *même* ou *mêmes* crurent en Jésus-Christ. - Vos menaces ne nous (*présent de l'indicatif du verbe* effrayer) pas. — Si tu *cherches* ou *cherche* à faire mourir des chrétiens, nous voici.

CCLXXXV.

Ces braves guerriers (*imparfait de l'indicatif du verbe* jeter) bas les armes. - (*Deuxième personne du singulier de l'impératif du verbe* jeter) ces fleurs. - Trois soldats (*passé défini du verbe* se jeter) aux pieds du saint, et lui (*passé défini du verbe* demander) le baptême - Sa patience inaltérable et la sérénité de son visage *mit* ou *mirent* le juge en fureur; il s'en prit au bourreau, et le fit frapper lui-même, afin qu'il *redoubla* ou *redoublât* de violence. - Le juge *ordonna* ou *ordonnât* qu'on *mit* ou *mit* le saint sur un lit. - L'Eglise a été persécutée pendant trois *cents* ou *cent* ans. - Ni Paul, ni Henri n'*est* ou ne *sont* l'auteur de ces vers. - Ni ce crayon ni cette plume ne m'*appartient* ou ne m'*appartiennent*. - Nous (*futur simple du verbe* appeler) la Sainte Vierge à notre secours. - Je veux, dit ce juge impie, que vous (*présent du subjonctif du verbe* sacrifier) aux dieux. - Je ne (*futur simple du verbe* sacrifier) jamais à de fausses divinités. - L'un et l'autre *a* ou *ont* fait beaucoup de mal. - L'une et l'autre *sont parties* ou *est partie*. - Mon père ainsi que ma mère *est* ou *sont* au Ciel. - Ce sera toi ou moi qui *accompagnerai* ou *accompagnerons* ou *accompagneras* notre mère. - Ni votre père ni votre mère ne *sera revenu* ou ne *seront revenus* à cette époque. - Constantin voulut que la croix *fut* ou *fût* le plus bel ornement de son triomphe.

EXERCICES DE RÉCAPITULATION

SUR LE NOM, L'ADJECTIF ET LES REMARQUES

SUR CERTAINS VERBES.

CCLXXXVI.

Mettez au pluriel les noms, les adjectifs, les pronoms, les verbes, etc., des phrases suivantes :

Celui qui est élevé à une haute charge est souvent plus misérable que celui qui occupe un bas emploi, car le soucis le ronge et l'inquiétude le dévore. Combien de fois n'est-il pas obligé de cacher sa peine : il est d'autant plus malheureux qu'il craint plus de le paraître. - Quand tu as commis une faute, ne mens jamais pour la nier ou la pallier. - L'enfant est naturellement imitateur. - Si tu es pauvre, travaille pour vivre. - La richesse peut être unie à la vertu. - Jouis de ta richesse sans en dépendre. - Le maître dédaigneux et brutal est toujours dédaigné par celui-là même qu'il paie le mieux. - Veux-tu acquérir du mérite? fréquente celui qui en a. - Veux-tu devenir vertueux? attache-toi à celui qui l'est, ne le quitte point, entretiens-toi avec lui le plus souvent qu'il te sera possible. - La moisson est mûre. - Tu es expéditif. - Je suis heureux. - Elle est active. - L'orgueilleux sera toujours humilié. - Un bien mal acquis ne profite pas. - Tu as bâti une maison magnifique, mais tu ne l'habiteras point ; tu as planté une vigne excellente, mais tu n'en jouiras pas, dit le Seigneur à cet homme injuste et méchant. — Il retourna chez lui très fatigué. — Son voisin le blâmait. — Il retourna dans la salle du festin, et commença à manger en pleurant et en tremblant. — J'irais te voir, si j'en avais le temps. — Guéris-toi bien vite.

CCLXXXVII.

MÊME SORTE D'EXERCICE.

L'homme qui parle de celui qui est absent et qui ne peut conséquemment se défendre, ressemble à celui qui, étant bien armé, attaquerait un homme qui ne le serait point. — On doit bien examiner celui avec qui on badine. L'homme grossier est toujours prêt à se fâcher et à croire qu'on se moque de lui ou qu'on le méprise. Il en est de même de l'ignorant et du sot. Il ne faut donc jamais hasarder une plaisanterie, même la plus douce et la plus permise, qu'avec une personne polie ou spirituelle. — Consulte volontiers et conseille difficilement. S'il est aisé de donner un conseil, il ne l'est pas également d'en donner un bon. — Celui qui a les mains innocentes et le cœur pur, qui n'attache point son âme à la vanité et qui n'emploie point le serment pour tromper : c'est celui-là qui recevra la bénédiction du Seigneur. — Un enfant tendre et obéissant qui apporterait à son père la première fleur de son petit jardin réjouirait le cœur de ce père. — Tu cherches à rendre service à ton frère. — C'est ton frère qui aura le premier prix. — Ce n'est pas ton oncle qui m'a appris cette réjouissante nouvelle. — Lorsque tu entendras le son joyeux de la trompette, tu te hâteras de venir me trouver. — Hâte-toi de sortir, afin qu'il ne te surprenne pas, et qu'après t'avoir enfermé, il ne te fasse périr.

CCLXXXVIII.

Mettez au singulier tout ce qui est au pluriel.

Les écureuils sont de jolis petits animaux qui ne

sont qu'à demi-sauvages, et qui par leurs gentillesses mériteraient d'être épargnés ; ils ne sont ni carnassiers ni nuisibles, quoiqu'ils saisissent quelquefois des oiseaux : les fruits, les noisettes, les faînes et les glands composent leurs repas ordinaires ; ils sont propres, lestes, vifs, très-alertes, très-éveillés, très-industrieux ; au lieu de se cacher sous terre, ils sont toujours en l'air ; ils n'approchent jamais des habitations. Ils sont trop légers pour marcher, ils vont ordinairement en sautant ou en bondissant. Leurs domiciles sont propres, chauds et impénétrables aux pluies. C'est ordinairement sur les enfourchures des arbres qu'ils les établissent. — Les pinsons sont des oiseaux très-vifs ; ils se meuvent continuellement, courent légèrement à terre, chantent gaîment, de là ce qu'on répète souvent : gais comme pinsons. Ces oiseaux commencent à chanter de très-bonne heure, au printemps, avant les rossignols : on distingue dans leurs chants, des préludes, des roulements et des finales. Les pinsons font des nids bien ronds et solidement tissus ; ils posent ces nids sur les arbres ou les arbustes les plus touffus et les cachent soigneusement. Ils les construisent au dehors avec des lichens ; les crins et les plumes garnissent l'intérieur. Ces oiseaux se rapprochent de nos demeures pendant les hivers : on les voit aussi sur les routes, confondus avec les verdiers et les alouettes, lorsque les froids rigoureux se font sentir.

CCLXXXIX.

MÊME SORTE D'EXERCICE.

Nous irons nous-mêmes vous chercher. — Ils ne sont pas malheureux. — Etes-vous guéries de vos maux de tête ? — Ces jeunes personnes sont bien légères. — Ces dames sont très-pieuses. — Nous ne pouvons taire ce que nous avons vu et entendu. —

Soyez simples comme des colombes et prudents comme des serpents. — Les fleurs que vous avez cueillies ce matin, sont déjà flétries. — Ces orphelins furent jetés en prison et abandonnés aux fureurs de leurs ennemis. — Leurs vassaux avaient beaucoup souffert de leurs violences. — Que voulez-vous que nous fassions? — C'est vous qui nous avez induits en erreur. — Ces fleurs répandent un parfum délicieux. —D'où venez-vous? — Où demeurez-vous? — Cieux, écoutez ma voix. — Pécheurs, convertissez-vous. — Nous vous récompenserons comme vous le mériterez. — Vous ne savez pas à quels dangers vous vous exposez. — Ce sont nos cahiers que ces dames ont examinés. — C'est nous qui vous consolerons de ces malheurs.

CCLXC.

MÊME SORTE D'EXERCICE.

Ces petites filles se montrent toujours dociles et respectueuses envers leurs maîtresses. — Ces enfants ne sont pas aussi ignorants que nous le pensions. — Voulez-vous que nous vous aidions? — Nous vous aiderons bien volontiers. — Elles ne répondent pas trop mal. — Au jour des récompenses, vous serez bien contents d'avoir bien travaillé. — Les poires que voici sont excellentes. — Ces messieurs parlent anglais. — Ces dames travaillent pour les églises. — Que désirez-vous? — Vous ne serez heureux qu'autant que vous travaillerez à devenir vertueux. — Ces malheureux imploraient votre assistance. — N'aviez-vous pas pitié de leurs souffrances. — Nous voudrions les secourir. — Vous voudriez leur venir en aide. — Les ouvriers que nous avons vus travailler, paraissaient bien fatigués. — Travaillez avec courage. — Pensez-vous quelquefois à la mort? — Nous vous conseillons

d'y penser souvent. - Tâchez de ne jamais manquer
à la charité. - Ne faites pas à vos frères ce que vous
ne voudriez pas qu'on vous fît. - Les portraits que
voici ont été faits par des peintres habiles.

CCXCI.

Mettez au pluriel ce qui est singulier.

Etudie ta leçon. — Prête-moi ton livre. — Ne
parle pas de cela maintenant. — Ecoute attentivement ce que ton maître t'explique. — Tu seras récompensé, si tu travailles bien. — Je n'ai pas vu ma
tante depuis Pâques. — Ce cahier ne m'appartient
pas. — Je vénère mon aïeul.—Elle danse à la corde.
— Mon frère joue au volant. — Ta tante est guérie.
—Cette femme m'importunait. - Cet enfant se cor-
rigera du défaut que tu lui reproches. — Il est actif,
courageux, intelligent et plein de bonne volonté. —
L'homme qui manque d'énergie est exposé à commettre bien des fautes.—Entends-tu ce cri perçant?
— Ne joues-tu jamais, lorsque tu devrais travailler?
— Ce pauvre homme est boiteux, aveugle et man-
chot — Cette femme parle sans cesse. - Celui qui
parle toujours, n'a pas le temps de réfléchir. —
Votre livre est tout neuf, le mien est déchiré. — Ma
lettre est partie; la tienne n'est pas encore finie. —
Qu'étudies-tu en ce moment? J'étudie ma grammaire
— Où vas-tu? - Pourquoi marches-tu si vite? — Je
ne me découragerai jamais. — Elle demeure à Marseille. — Tu apprendras un métier.

CCXCII.

*Choisissez les mots corrects et dites pourquoi on
doit écrire ainsi.*

A la vue des *chefs-d'œuvre* ou *chefs-d'œuvres* des

Raphaels ou *Raphaël* et des *Michel-Ange* ou *Michel-Anges*, les jeunes peintres redoublent leurs efforts. — La multitude des conseils, ainsi que le grand nombre de recettes dans les maladies, *remplit* ou *remplissent* d'incertitudes et d'irrésolutions. — Choisissez un conseiller entre *dix mille* ou *dix milles*. — *Tout* ou *tous* les hommes cherchent le bonheur et *peu le trouvent* ou *trouve*, parce que la plupart le *met* ou le *mettent* dans la possession de ce qu'ils n'ont pas ou de ce qui ne peut le leur donner. — Les choses qui font plaisir à croire seront toujours crues, *quelles que* ou *quelque* vaines et *quelque* ou *quelles que* déraisonnables qu'elles puissent être. — Le nid *d'un* aigle ou *d'une* aigle se nomme aire. — La justice et la vérité *règne* ou *règnent* dans tous les discours de l'honnête homme. — Celui qui ne pense qu'à *lui-même* ou qu'à *soi-même* dispense les autres d'y penser.

CCXCIII.

MÊME SORTE D'EXERCICE.

Ce qui a droit par-dessus tout à nos hommages *c'est* ou *ce sont* le mérite et la vertu. — Quiconque juge les autres d'après *lui-même* ou *soi-même* est très-exposé à se tromper. — La vie humaine, ainsi que la fleur, ne *dure* ou *durent* qu'un moment — Les inscriptions doivent être simples, courtes et familières; ni la pompe ni la multitude des paroles n'y *valent* ou *vaut* rien. — *Quelles* ou *quels* exemples de charité, de patience et de douceur ne devons-nous pas aux *Vincent* ou *Vincents de Paule*, aux *Borromées* ou *Borromée* et aux *Xaviers* ou *Xavier!* — Il n'y a pas de gens qui soient plus vides que *ceux* ou *celles* qui sont *pleins* ou *pleines* de leur savoir. — Quels heureux effets ne produit pas la lecture!

Elle enrichit la mémoire, *elle embellit* l'imagination, *elle rectifie* le jugement, *elle forme* le goût, *elle apprend* à penser, *elle élève* l'âme et *elle inspire* de nobles sentiments ou *elle enrichit* la mémoire, *embellit* l'imagination, *rectifie* le jugement, *forme*... etc. — *Vengeons*-nous ou *vengons*-nous de nos ennemis en leur faisant du bien. — Jésus-Christ dit dans l'Evangile : On reconnaîtra que vous êtes mes disciples, si vous avez *un grand* ou *une grande* amour les uns pour les autres.

Conjuguez le présent et le futur simple de l'indicatif des verbes : amonceler, juger, nettoyer, épousseter, régner et lever.

CCXCIV.

Après chaque phrase nommez les sujets, les compléments directs et les compléments indirects des verbes en italique.

Ferdinand II *s'occupa* ensuite des moyens de *pacifier* ce pays. — Ils *dictèrent* à l'Empereur des conditions que ce prince *rejeta*. — La nécessité leur *donna* des forces ; ils se *défendirent* en désespérés. — Charlemagne *conquit* la Bohême, *battit* les Grecs et *contraignit* les Danois de se *renfermer* dans leur presqu'île. — Carloman *abandonna* ses états à Pépin pour aller *s'ensevelir* dans une retraite où il vécut et mourut saintement. — Soissons *ouvrit* ses portes aux Français, et Clovis *profita* de ses avantages pour *soumettre* d'autres places qui ne se *crurent* pas en état de tenir contre le chef des Francs. — Clotilde *profita* de la confiance que Clovis lui *accordait*. — Vous *prendriez* la lune avec les dents, si vous l'*aviez entrepris*. — Dieu *permit* cette épreuve afin que la patience de Tobie *servit* d'exemple à la postérité. — L'Europe *a reconnu* que Pierre-le-Grand *avait aimé* la gloire, mais qu'il l'*avait mise* à faire du bien. *C'est* ou *ce sont* quatre femmes montées après lui successivement sur le trône qui *ont maintenu* tout ce qu'il *avait achevé*, et *ont perfectionné* tout ce qu'il *avait entrepris*.

CCXCV.

Choisissez les mots corrects et dites pourquoi vous écrivez ainsi :

La nature se *renouvelle* ou *renouvéle* au printemps. — Celui qui *empiète* ou *empiette* sur le bien de son prochain est un voleur. — L'élève qui comprend les obligations qu'il a à remplir envers Dieu et envers ses parents, *employera* ou *emploiera* toujours bien son temps. — Il faut que nous (*présent du subjonctif du verbe* croire) à la vertu, pour pouvoir la pratiquer.— De nouveaux besoins (*présent de l'indicatif du verbe* créer) de nouvelles industries. — L'empereur romain Maximin-Hercule *mangeait* ou *mangait*, dit-on, jusqu'à quarante livres de viande par jour, et buvait huit bouteilles de vin.—Abraham et Isaac furent *bénits* ou *bénis* de Dieu à cause de leur obéissance. — Dieu aime tant les hommes qu'il *versa* ou *versât* tout son sang pour leur salut. — Les martyrs aimaient tant à souffrir pour Jésus-Christ, qu'ils désiraient longtemps par avance qu'on *versât* ou *versa* tout leur sang. — Celui qui *craind* ou *craint* Dieu, deviendra sage, s'il ne l'est déjà. -- Il *demandât* ou *demanda* à vous voir.

CCXCVI.

MÊME SORTE D'EXERCICE.

Salomon *s'oublia* ou *s'oubliât* tellement sur la fin

10*

de sa vie, qu'il *adorât* ou *adora* des dieux étrangers.
—Je voudrais que tout le monde *adora* ou *adorât*
le vrai Dieu. — Quand le coq *chanta* ou *chantât*
pour la troisième fois, Pierre se ressouvint de ce que
Jésus lui avait dit. — Personne ne trouvait ridicule
que Charlemagne *chanta* ou *chantât* au lutrin.—Dans
la loi de Moïse, Dieu voulait qu'on lui *donna* ou *donnât* les prémices de chaque chose. — Néron était si
dégradé qu'il se *donna* ou *donnât* plusieurs fois en
spectacle aux Romains. — Pour punir les Juifs de
leurs infidélités, Dieu permit que Nabuchodonosor
s'empara ou *s'emparât* de Jérusalem. — Cyrus
s'empara ou *s'emparât* de Babylone en détournant
de son cours le fleuve l'Euphrate.

CCXCVII.

*Copiez le verbe suivant avec la formation des
temps :* (244, 245, 246).

INDICATIF (1er mode).

Présent. (Temps simple et primitif; simple parce
qu'il n'a ni l'auxiliaire *être*, ni l'auxiliaire *avoir*; primitif, parce qu'il sert à former l'impératif.)
J'aime, tu aimes il aime.
Les trois personnes plurielles du présent de l'indicatif se forment du participe présent en changeant
ant en *ons, ez, ent* : aimant,
Nous aimons, vous aimez, ils aiment.

IMPARFAIT.

Temps simple et dérivé : simple, parce qu'il n'a
ni l'auxiliaire *être*, ni l'auxiliaire *avoir*; dérivé, parce
qu'il se forme du participe présent en changeant *an*
en *ais, ais, ait, ions, iez, aient :* aimant.

J'aim*ais*, tu aim*ais*, il aim*ait*, nous aim*ions*, vous aim*iez*, ils aim*aient*.

PASSÉ DÉFINI.

(Temps simple et primitif : simple, parce qu'il n'a ni l'auxiliaire *être*, ni l'auxiliaire *avoir* ; primitif, parce qu'il sert à former l'imparfait du subjonctif.)

J'aim*ai*, tu aim*as*, il aim*a*, nous aim*âmes*, vous aim*âtes*, ils aim*èrent*.

PASSÉ INDÉFINI.

(Temps composé et dérivé parce qu'il se forme du présent de l'indicatif du verbe *avoir* et du participe passé du verbe *aimer* que l'on conjugue.)

J'ai aimé, tu as aimé, il a aimé, nous avons aimé, vous avez aimé, ils ont aimé.

PASSÉ ANTÉRIEUR.

(Temps composé et dérivé, parce qu'il se forme du passé défini du verbe *avoir* et du participe passé du verbe *aimer* que l'on conjugue.)

J'eus aimé, tu eus aimé, il eut aimé, nous eûmes aimé, vous eûtes aimé, ils eurent aimé.

PLUS-QUE-PARFAIT.

(Temps composé et dérivé, parce qu'il se forme de l'imparfait de l'indicatif du verbe *avoir* et du participe passé du verbe *aimer* que l'on conjugue.)

J'avais aimé, tu avais aimé, il avait aimé, nous avions aimé, vous aviez aimé, ils avaient aimé.

FUTUR SIMPLE.

(Temps simple et dérivé : simple, parce qu'il n'a

ni l'auxiliaire *être*, ni l'auxiliaire *avoir*; dérivé, parce qu'il se forme du présent de l'indicatif en changeant *r* en *rai, ras, ra, rons, rez, ront.*)

j'aimer*ai* tu aimer*as*, il aimer*a*, nous aimer*ons*, vous aimer*ez*, ils aimer*ont.*

FUTUR ANTÉRIEUR OU FUTUR COMPOSÉ.

(Temps composé et dérivé parce qu'il se forme du futur simple du verbe *avoir* et du participe passé du verbe *aimer* que l'on conjugue.)

J'aurai aimé, tu auras aimé, il aura aimé, nous aurons aimé, vous aurez aimé, ils auront aimé.

CCXCVIII.

Copiez encore ce qui suit : 244, 245, 246, 247, 248.

CONDITIONNEL (2e mode).

PRÉSENT

(Temps simple et dérivé : simple, parce qu'il n'a ni l'auxiliaire *être*, ni l'auxiliaire *avoir*; dérivé, parce qu'il se forme du présent de l'infinitif en changeant *r* en *rais, rais, rait, rions, riez, riaient.*)

J'aimer*ais*, tu aimer*ais*, il aimer*ait*, nous aimer*ions*, vous aimer*iez*, ils aimer*aient.*

PASSÉ

(Temps composé et dérivé, parce qu'il se forme du présent du conditionnel du verbe *avoir* et du participe passé du verbe *aimer* que l'on conjugue.)

J'aurais aimé, tu aurais aimé, il aurait aimé, nous aurions aimé, vous auriez aimé, ils auraient aimé.

2. CONDITIONNEL PASSÉ.

(Temps composé et dérivé, parce qu'il se forme de l'imparfait du subjonctif du verbe *avoir* en ôtant la conjonction *que* et du participe passé du verbe *aimer* que l'on conjugue.

J'eusse aimé, tu eusses aimé, il eût aimé, nous eussions aimé, vous eussiez aimé, ils eussent aimé.

IMPÉRATIF (3e Mode).

(Temps simple et dérivé : simple, parce qu'il n'a ni l'auxiliaire *être* ni l'auxiliaire *avoir*; dérivé, parce qu'il se forme du présent de l'indicatif en supprimant les pronoms *je, nous, vous*.)

J'aime, *nous* aimons, *vous* aimez :

Aime, aimons, aimez.

SUBJONCTIF (4ᵐ Mode).

PRÉSENT OU FUTUR.

(Temps simple et dérivé : simple parce qu'il n'a ni l'auxiliaire *être* ni l'auxiliaire *avoir*; dérivé. parce qu'il se forme du participe présent en changeant *ant* en *e, es, e, ions, iez, ent*.)

Aim*ant* :

Que j'aim*e*, que tu aim*es*, qu'il aim*e*, que nous aim*ions*, que vous aim*iez*, qu'ils aim*ent*.

IMPARFAIT.

(Temps simple et dérivé : simple, parce qu'il n'a ni l'auxiliaire *être* ni l'auxiliaire *avoir*; dérivé, parce qu'il se forme du passé défini en changeant *ai* en *asse, asses, ât, assions, assiez, assent*.

J'aim*ai*.

Que j'aim*asse*, que tu aim*asses*, qu'il aim*ât*, que nous aim*assions*, que vous aim*assiez*, qu'ils aim*assent*.

PASSÉ.

(Temps composé et dérivé, parce qu'il se forme du présent du subjonctif du verbe *avoir* et du participe passé du verbe *aimer* que l'on conjugue.)

Que j'aie aimé, que tu aies aimé, qu'il ait aimé, que nous ayons aimé, que vous ayez aimé, qu'ils aient aimé.

PLUS-QUE-PARFAIT.

(Temps composé et dérivé, parce qu'il se forme de l'imparfait du subjonctif du verbe *avoir* et du participe passé du verbe *aimer* que l'on conjugue.)

Que j'eusse aimé, que tu eusses aimé qu'il eût aimé, que nous eussions aimé, que vous eussiez aimé, qu'ils eussent aimé.

INFINITIF (5ᵉ Mode).

PRÉSENT.

(Temps simple et primitif; simple, parce qu'il n'a ni l'auxiliaire *être* ni l'auxiliaire *avoir*; primitif, parce qu'il sert à former tous les autres temps.)

Aimer.

PASSÉ DE L'INFINITIF.

Temps composé et dérivé, parce qu'il se forme du présent de l'infinitif du verbe *avoir* et du participe passé du verbe que l'on conjugue.

Avoir aimé.

PARTICIPE PRÉSENT.

Temps simple, parce qu'il n'a ni l'auxiliaire *être* ni l'auxiliaire *avoir*; primitif, parce qu'il sert à former les trois personnes plurielles du présent de l'indicatif, l'imparfait de l'indicatif et le présent du subjonctif.

Aimant.

PARTICIPE PASSÉ.

(Temps simple et dérivé, servant à former tous les temps composés.)

Aimé, aimée.

Ou temps composé, se formant du participe présent du verbe *avoir* et du participe passé du verbe que l'on conjugue.

Ayant aimé.

CCXCIX.

Conjuguez le mode de l'indicatif du verbe déshériter, de la même manière que dans l'exercice 297.

CCC.

Conjuguez encore de la même manière le conditionnel et l'impératif des verbes enharnacher *et* enivrer.

CCCI.

Conjuguez de la même manière l'indicatif du verbe énoncer.

CCCII.

Conjuguez de la même manière l'indicatif du verbe épargner.

CCCIII.

Conjuguez de la même manière le conditionnel et l'impératif des verbes éparpiller *et* jouer.

CCCIV.

Conjuguez de la même manière le subjonctif et l'infinitif des verbes maçonner *et* renouer.

CCCV.

Conjuguez de la même manière le subjonctif et l'infinitif des verbes peigner *et* placer.

CCCVI.

Conjuguez de la même manière l'indicatif du verbe plaider.

CCCVII.

Conjuguez de la même manière le conditionnel, l'impératif, le subjonctif et l'infinitif du verbe enharnacher.

CCCVIII.

Conjuguez de la même manière le conditionnel, l'impératif, le subjonctif et l'infinitif du verbe déshériter.

CCCIX.

Conjuguez de la même manière l'indicatif du verbe accomplir. (Voyez la petite grammaire depuis le numéro 244 jusqu'aux verbes irréguliers).

CCCX.

Conjuguez de la même manière l'indicatif du verbe abolir.

CCCXI.

Conjuguez de la même manière l'indicatif du verbe engloutir.

CCCXII.

Conjuguez de la même manière le conditionnel et l'impératif des verbes engloutir *et* abolir.

CCCXIII.

Conjuguez de la même manière le conditionnel et l'impératif des verbes accomplir *et* guérir.

CCCXIV.

Conjuguez de la même manière l'indicatif du verbe adoucir.

CCCXV.

Conjuguez de la même manière le subjonctif et l'infinitif des verbes accomplir *et* guérir.

CCCXVI.

Conjuguez de la même manière le subjonctif et l'infinitif des verbes abolir *et* engloutir.

CCCXVII.

Conjuguez de la même manière l'indicatif du verbe garnir.

11

CCCXVIII.

Conjuguez de la même manière le conditionnel, l'impératif, le subjonctif et l'infinitif du verbe garnir.

CCCXIX.

Conjuguez de la même manière, (c'est-à-dire en expliquant la formation des temps) l'indicatif du verbe pêcher.

CCCXX.

Conjuguez de la même manière la fin du verbe pêcher.

CCCXXI.

Conjuguez de la même manière l'indicatif du verbe apercevoir.

CCCXXII.

Conjuguez de la même manière l'indicatif du verbe percevoir.

CCCXXIII.

Conjuguez de la même manière l'indicatif du verbe concevoir.

CCCXXIV.

Conjuguez de la même manière le conditionnel, l'impératif et le subjonctif du verbe concevoir.

CCCXXV.

Conjuguez de la même manière la fin du verbe dercevoir.

CCCXXVI.

Conjuguez de la même manière la fin du verbe apercevoir.

CCCXXVII.

Conjuguez de la même manière l'indicatif du verbe redevoir.

CCCXXVIII.

Conjuguez de la même manière la fin du même verbe.

CCCXXIX.

Conjuguez de la même manière l'indicatif du verbe pétrifier.

CCCXXX.

Conjuguez de la même manière le conditionnel, l'impératif, le subjonctif et l'infinitif du même verbe.

CCCXXXI.

Conjuguez de la même manière l'indicatif du verbe prier.

CCCXXXII.

Conjuguez de la même manière la fin du même verbe.

CCCXXXIII.

Conjuguez de la même manière l'indicatif du verbe attendre.

CCCXXXIV.

Conjuguez de la même manière l'indicatif du verbe entendre.

CCCXXXV.

Conjuguez de la même manière l'indicatif du verbe tordre.

CCCXXXVI.

Conjuguez de la même manière l'indicatif du verbe mordre.

CCCXXXVII.

Conjuguez de la même manière la fin du verbe attendre.

CCCXXXVIII.

Conjuguez de la même manière la fin du verbe entendre.

CCCXXXIX.

Conjuguez de la même manière la fin du verbe mordre.

CCCXL.

Conjuguez de la même manière l'indicatif du verbe tordre.

CCCXLI.

Conjuguez de la même manière l'indicatif du verbe recevoir.

CCCXLII.

Conjuguez de la même manière la fin du même verbe.

CCCXLIII.

Conjuguez de la même manière l'indicatif du verbe expliquer.

CCCXLIV.

Conjuguez de la même manière la fin du verbe expliquer.

CCCXLV.

Conjuguez de la même manière l'indicatif du verbe resardir.

CCCXLVI.

Conjuguez de la même manière la fin du même verbe.

CCCXLVII.

Copiez ou lisez très-attentivement le verbe qui suit. — C'est le verbe aller placé dans de petites phrases qui montrent quel emploi on doit faire de chaque temps.

(Aller est un verbe irrégulier, c'est-à-dire un verbe qui ne se conjugue pas d'après les règles données précédemment pour la formation des verbes de la première conjugaison à laquelle il appartient).

INDICATIF (premier mode) PRÉSENT.

Maintenant *je vais* travailler,
    »   *tu vas* travailler,
    »   *il va* travailler,
    »   *nous allons* travailler,
    »   *vous allez* travailler,
    »   *ils vont* travailler.

IMPARFAIT.

J'allais travailler quand mon frère arriva,
tu allais » » » » »
il allait » » » » »
nous allions » » » » »
vous alliez » » » » »
ils allaient » » » « »

PASSÉ DÉFINI.

Hier *j'allai* travailler à la campagne ,
»   *tu allas*   »   » »   »
»   *il alla*   »   » »   »
»   *nous allâmes*   » »   »
»   *vous allâtes*   » »   »
»   *ils allèrent* »   »   »

PASSÉ INDÉFINI.

Ce matin *je suis allé ou allée* travailler au jardin,
»   »   *tu es allé ou allée*   »   »   »
»   »   *il est allé ou elle est allée*   »   »
»   »   *nous sommes allés ou allées*   »   »
»   »   *vous êtes allés ou allées*   »   »
»   »   *ils sont allés ou elles sont allées*   »

PASSÉ ANTÉRIEUR.

Quand *je fus allé ou allée* travailler, Charles se mit
[à jouer,
»   *tu fus allé ou allée*   »   »   »   »
»   *il fut allé ou elle fut allée*   »   »   »
»   *nous fûmes allés ou allées*   »   »   »
»   *vous fûtes allés ou allées*   »   »   »
»   *ils furent allés ou elles furent allées*   »   »

PLUS-QUE-PARFAIT.

J'étais allé ou allée travailler, quand mon frère est
[arrivé,
tu étais allé ou allée   »   »   »   »
il était allé ou elle était allée   »   »   »   »
nous étions allés ou allées   »   »   »   »
vous étiez allés ou allées   »   »   »   »
ils étaient allés ou elles étaient allées   »   »   »

FUTUR SIMPLE.

Demain *j'irai* travailler au jardin .

» *tu iras* » » »
» *il ira* » » »
» *nous irons* » » »
» *vous irez* » » »
» *ils iront* » » »

CCCXLVIII.

SUITE DU VERBE PRÉCÉDENT.

FUTUR PASSÉ OU FUTUR ANTÉRIEUR.

Demain *je serai allé ou allée* travailler, quand mon
{père arrivera,

» *tu seras allé ou allée* » » »
» *il sera allé ou elle sera allée* » «
» *nous serons allés ou allées* » »
» *vous serez allés ou allées* » » »
« *ils seront allés ou elles seront allées* »

CONDITIONNEL (deuxième mode)

PRÉSENT.

J'irais travailler si mon père le voulait,
tu irais » » » » » »
il irait » » » » » »
nous irions » » » » » »
vous iriez » » » » » »
ils iraient » » » » » »

PASSÉ.

Je serais allé ou allée travailler, si mon père l'avait
{voulu,

189

tu serais allé ou allée	»	»	»	»	»
il serait allé ou elle serait allée	»	»	»	»
nous serions allés ou allées	»	»	»	»
vous seriez allés ou allées	»	»	»	»
ils seraient allés ou elles seraient allées	»	»

On dit aussi pour le passé :

Je fusse allé ou allée travailler, si mon père l'avait
[voulu,

tu fusses allé ou allée	»	»	»	»	»
il fût allé ou elle fût allée »	»	»	»	»
nous fussions allés ou allées	»	»	»	»
vous fussiez allés ou allées	»	»	»	»
ils fussent allés ou elles fussent allées »	»	»

IMPÉRATIF (troisième mode).

Point de première personne au singulier ni de
troisième aux deux nombres :

Va maintenant travailler ,
allons » »
Allez » »

SUBJONCTIF (quatrième mode).

PRÉSENT ET FUTUR.

Maintenant mon père veut ou demain mon père voudra
que j'aille travailler,

»	»	»	»	*que tu ailles*	»
»	»	»	»	*qu'il aille*	»
»	»	»	»	*que nous allions*
»	»	»	»	*que vous alliez* «
»	»	»	»	*qu'ils aillent* »

IMPARFAIT.

Hier mes sœurs voulaient *que j'allasse* travailler au
[jardin,

11·

				que tu allasses	»	»
»	»	»	»	*qu'il allât*	»	»
»	»	»	»	*que nous allassions*	»	
»	»	»	»	*que vous allassiez*	»	
»	»	»	»	*qu'ils allassent* »	»	

PASSÉ.

Mon frère désire *que je sois allé ou allée* travailler
et je suis encore ici,

» » » *que tu sois allé ou allée* »
et tu es encore ici,

» » » *qu'il soit allé ou qu'elle soit allée*

» » » *que nous soyons allés ou allées*

» » » *que vous soyez allés ou allées*

» » » *qu'ils soient allés ou q. soient allées*

PLUS-QUE-PARFAIT.

Ce matin mes parents auraient désiré
que je fusse allé ou allée travailler au jardin,

» *que tu fusses allé ou allée* » » »

» *qu'il fût allé ou qu'elle fût allée* » »

» *que nous fussions allés ou allées* » »

» *que vous fussiez allés ou allées* » »

» *qu'ils fussent allés ou qu'elles fussent allées*

INFINITIF (cinquième mode)

PRÉSENT ET FUTUR.

Il faut maintenant *aller* travailler.
Il faudra maintenant *aller* travailler.

PASSÉ.

Pour savoir ce qui se passe à N... il faudrait y
être allé ou allée.

PARTICIPE PRÉSENT.

En *allant* dans ma chambre je suis tranquille.

PARTICIPE PASSÉ.

Étant allé ou *allée* travailler au jardin toute la matinée, j'ignorais ce qui s'était passé ici.

CCCXLIX.

DE L'EMPLOI DU SUBJONCTIF ET DES DIFFÉRENTS TEMPS DU SUBJONCTIF.

Dites pourquoi les verbes en italique sont employés au subjonctif.

Il importe que vous *étudiiez* pendant que vous êtes jeune. — Je souhaite que vous *soyez* toujours un enfant sage et studieux. — Alexandre-le-Grand ordonna que tous ses sujets *l'adorassent* comme un Dieu. — Il vaudrait mieux que nous *réfléchissions* sur notre conduite que sur celle des autres. — Dieu veut que l'homme *soit éprouvé* par les tentations. — Il faudrait que les enfants *apprissent* tous les jours quelque chose par cœur. — Je ne crois pas que tous ceux qui se vantent d'être vertueux le *soient*. — Croyez-vous qu'on *devienne* savant sans étudier avec méthode ?

CCCL.

MÊME SORTE D'EXERCICE.

Les amis de Dieu craignent toujours que leur Maître ne *soit offensé*. — Il vaudrait mieux pour un homme de qualité qu'il *perdît* la vie, que de perdre

l'honneur par quelque action honteuse et criminelle.
— Il faut que celui qui parle , se *mette* à la portée
de ceux qui l'écoutent, et que celui qui écrit , *ait*
dessein de se faire comprendre de ceux qui liront
un jour ses ouvrages. — Il faut qu'un jour nous
quittions cette terre d'exil — Je voudrais que ces
enfants *s'attachassent* davantage à ce qui est essen-
tiel et qu'ils *fissent* moins de cas des choses qui ne
sont qu'agréables. — Je ne pense pas qu'elle *ait*
déjà *fini* sa tâche.

CCCLI.

MÊME SORTE D'EXERCICE.

Voulez-vous que le sommeil *porte* dans vos membres
la santé et la vie? fuyez la multitude des affaires ,
modérez vos passions , évitez les excès et usez sobre-
ment du sommeil même. — Si vous désirez que votre
sommeil *soit* doux et paisible , demeurez calme dans
le jour et ne restez pas couché lorsque l'aurore vient
avertir les hommes de se lever. — Dieu veut que nous
aimions notre prochain comme nous-mêmes. — Je
ne crois pas que l'homme *puisse* parvenir à se corriger de ses vices , s'il n'est assisté par la grâce de Dieu.
— On craint avec raison qu'un enfant ne *soit* oisif,
car l'oisiveté engendre le vice. — On doute que Salomon *soit sauvé*. — Il est nécessaire que l'enfant *se
récrée* après qu'il a bien travaillé — Il importe que
nous *employions* bien tout notre temps, si nous voulons un jour nous rendre utiles à la société.

CCCLII.

MÊME SORTE D'EXERCICE.

Il est impossible qu'un élève *fasse* bien ses devoirs,

s'il pense à ses jeux pendant l'étude. — Dieu ne permet pas que l'homme *soit tenté* au-delà de ses forces. — Dieu veut qu'on *honore* son père et sa mère, qu'on ne *prenne* point son nom en vain, qu'on ne *commette* point l'homicide. — Nous exigeons que nos inférieurs nous *obéissent* et nous refusons à Dieu notre souverain Maître une entière soumission. — Il est utile que nous *pensions* souvent à nos fins dernières, afin que nous ne *péchions* jamais. — Il aurait fallu que vous *fussiez* ici à dix heures. — Il consentit à ce que mon frère *m'aidât*.

CCCLIII.

Voyez les numéros 273, 274 et 275 de la petite grammaire, puis mettez au mode et au temps convenable chacun des verbes en italique et dites ensuite pourquoi vous employez tel mode et tel temps.

Il n'est pas certain qu'ils *être* contents, lorsqu'ils connaîtront la décision que vous avez prise. — Si vous pensez qu'elle *pouvoir* vous être utile, emmenez-la avec vous. — Il est nécessaire que vous *veniez* tout de suite. — Il est à craindre que votre cousine ne *vouloir* pas partir aujourd'hui. — Je ne pense pas qu'alors, elle *être instruite* de tout ce qui s'était passé. — Pensez-vous que ces enfants *pouvoir* faire les progrès qu'elles font, si elles ne travaillaient pas constamment et avec courage? — Croyez-vous qu'il *plaider* maintenant notre cause avec tant de feu, si vous ne lui eussiez pas fait entendre qu'il s'agit de ses intérêts aussi bien que des nôtres?

CCCLIV.

MÊME SORTE D'EXERCICE.

Je ne puis croire qu'il se *montrer* si obligeant si

des motifs d'intérêt personnel ne l'y engageaient — Penses-tu que dans ce moment-là elle *avoir* pleine connaissance? — Nous ne pouvons croire qu'il *vouloir* fréquenter de pareilles gens, s'il n'avait rien à démêler avec eux. — Crois-tu que dans ce moment-ci elles *pouvoir* s'en tirer si bien, sans notre assistance? — Je ne pense qu'elle vous *imposer* maintenant un si grand sacrifice, si elle n'y était forcée par des circonstances qu'elle n'a pu prévoir. — Croyez-vous qu'elle *être* dans ce moment-là aussi malade qu'on nous le disait. — Je ne crois pas qu'Adam se *croire* malheureux lorsque lui et sa compagne étaient encore purs aux yeux de Dieu. — Je ne crois pas que Luther *croire* lui-même la doctrine impie qu'il prêchait par toute l'Allemagne.

CCCLV.

MÊME SORTE D'EXERCICE.

(Numéros 273, 274, 275, 276.) Je doute que l'homme *demeurer* tranquille après le péché, s'il comprenait bien toute la grandeur de l'offense qu'il fait à Dieu. — Pensez-vous que les Polonais *venir* à bout de reconquérir leur liberté, s'ils étaient puissamment aidés par les Français? — Il semble que Dieu *prendre* plaisir, sous le règne de Louis XIV, à produire des grands hommes en tous genres. — Vous semble-t-il que vous bien *faire* hier soir de répondre à votre sœur comme vous lui avez répondu?- Je lui ai parlé avec franchise : trouvez-vous que je *avoir* tort de le faire?—Je n'ai garde de m'étonner que vous *prendre* Dunkerque la semaine dernière. — Nous ne croyons pas qu'ils *être* à Douai la semaine dernière.—Je désire qu'elles *s'en aller* au plus vite.

CCCLVI.

MÊME SORTE D'EXERCICE.

(Numéros 273, 274, 275, 276, 277.) Je doute que les Anglais *remporter* la victoire à Waterloo, si les Français n'avaient été surpris par l'armée des 20,000 Prussiens commandés par Blücher. — Vous semble-t-il que l'Europe *rester* catholique, si Dieu qui protége son Eglise, n'avait envoyé Charles-Martel pour écraser les Musulmans auprès de Tours? — Je ne pense pas que l'Amérique *être découvert* si Christophe Colomb n'avait su endurer mille privations et être plus fort que les éléments et les menaces de tous ses matelots. — Croyez-vous que la seconde croisade, prêchée par saint Bernard, *être* si malheureuse, sans les excès commis par les croisés? — Connaissez-vous quelqu'un qui *faire* plus de tort à la France que Voltaire et Jean-Jacques Rousseau? — Obéis, si tu veux qu'on *t'obéir* un jour.

CCCLVII.

MÊME SORTE D'EXERCICE.

(Numéros 273, 274, 275, 276, 277, 278.) Nier qu'il y *avoir* des peines et des récompenses après le trépas, c'est nier l'existence de Dieu, puisque s'il existe, il doit être nécessairement bon et juste. — N'est-il pas juste que nous *avoir* de la reconnaissance pour nos maîtres, puisqu'ils se donnent tant de peine pour nous instruire et nous bien diriger. — Je ne crois pas que les Juifs *être vaincus* jamais par leurs ennemis, s'ils avaient toujours été fidèles à Dieu. — En 1709, les Hollandais voulaient que le grand roi Louis XIV *chasser* lui-même d'Espagne son petit-fils Philippe V. — Madame de Maintenon obtint de Louis XIV, son époux, qu'il *fonder* la belle maison d'éducation de Saint-Cyr, dirigée par des religieuses.

CCCLVIII.

MÊME SORTE D'EXERCICE.

(Numéros 273, 274, 275, 276, 277, 278.) La Charte donnée aux Français par Louis XVIII, établissait que les hommes qui gouvernaient, au nom du roi, pouvaient être mis en jugement et condamnés, s'il était prouvé qu'ils *laisser* commettre quelque faute dans le gouvernement. — Lorsque les alliés, entrèrent pour la seconde fois à Paris, ils exigèrent que la France leur *payer* des sommes énormes, leur *livrer* plusieurs forteresses, *rendre* les tableaux et autres objets d'arts enlevés aux différentes nations, enfin qu'elle *conserver* en garnison, pendant trois ans, les troupes étrangères logées dans les départements du nord de la France. — Il semblait aux historiens latins qu'Annibal *s'emparer* facilement de toute l'Italie, si après la journée de Cannes, il avait fait marcher ses troupes victorieuses sur Rome.

CCCLIX.

MÊME SORTE D'EXERCICE.

Alexandre-le-Grand voulut que les Macédoniens le *regarder* comme le fils de Jupiter-Ammon. — Louis XIV exigea que le Doge de Gênes, qui avait prêté secours aux Algériens, *venir* lui demander pardon à Versailles. — Je voudrais que l'amour que nous devons avoir les uns pour les autres *être* le principe de toutes nos actions, comme il est la base de toutes les vertus. — Dieu a permis que des hordes barbares *renverser* l'empire romain qui s'était agrandi par toutes sortes d'injustices et de crimes. — Saint Louis captif chez les Musulmans, ne voulut point qu'on le *racheter* à prix d'argent; il offrit pour sa rançon la ville de Damiette. — Avant de partir, il avait donné ordre qu'on *garder* toutes les lettres qui lui seraient adressées.

CCCLX.

MÊME SORTE D'EXERCICE.

Emploi du subjonctif par rapport à quelques conjonctions.

Le temps est trop précieux pour qu'on le *perdre* en de vains amusements. — Les balles de plomb que les fondeurs des îles Baléares employaient, arrivaient toutes brûlantes : il fallait pour qu'elles *s'échauffer* ainsi, qu'elles *être lancé* avec beaucoup de vigueur. — Il fait bon craindre, dit La Fontaine, encore que l'on *être* saint. — Encore que les rois de Thèbes *être* les plus puissants de tous les rois de l'Egypte, jamais ils n'ont entrepris sur les dynasties voisines. — Quoique le Ciel *être* juste, il permet bien souvent que l'iniquité règne et marche en triomphant. — Cela se fait sans que personne s'en *apercevoir*.

CCCLXI.

MÊME SORTE D'EXERCICE.

Pourvu que vous *faire* cela aujourd'hui, il sera content. — Quelque féroces que *être* les Gaulois, ils pratiquaient l'hospitalité. — Dans quelque rang que vous *être placé*, faites tout le bien possible. — Quoique vous n'*avoir* ni richesses, ni talents, vous serez toujours estimés, si vous êtes vertueux. — Napoléon voulut continuer la guerre après la défaite de Russie, quoique la France *être épuisé* d'hommes et d'argent. — Tyr refusa d'ouvrir ses portes à Alexandre-le-Grand, quoique toutes les autres villes, devant lesquelles Alexandre avait paru, le *reconnaître* aussitôt comme leur vainqueur et leur maître.

CCCLXII.

MÊME SORTE D'EXERCICE.

De la conjonction que *employée pour* si, à moins que, avant que, etc.

Epaminondas ayant été blessé à la bataille de Mantinée, ne voulut pas laisser arracher le fer de sa plaie qu'il ne *recevoir* des nouvelles de la bataille. — Scipion-Emilien ne fit aucune acquisition, quoiqu'il eût été le maître de Carthage et qu'il *enrichir* ses soldats plus qu'aucun autre général. — Si ces étrangers venaient ici et qu'ils *demander* à me parler, vous me feriez chercher tout de suite, n'est-ce pas? —Quoi que l'on *dire* et que l'on *faire*, jamais on ne sera vraiment estimable sans être vertueux. — Soit que vous *boire*, soit que vous *manger* ou que vous *faire* quelque autre chose, faites tout pour la plus grande gloire de Dieu.

CCCLXIII.

MÊME SORTE D'EXERCICE.

Ne vous décidez jamais pour aucune vocation,

avant que vous bien *prier* le Seigneur de vous éclairer et qu'un sage directeur vous *assurer* que telle est la volonté de Dieu. — N'entreprenons jamais rien que nous ne *être* sûrs de mener à bonne fin. — Si vous êtes dociles et que vous *travailler* bien, vous serez très-heureux à la pension. — Il ne bougera pas que vous ne le lui *permettre*. — Si cet étranger venait ici et qu'il *demander* à me parler, vous viendriez m'en avertir tout de suite. — Si vous *priiez* Dieu avec ferveur et que vous *mettre* en lui toute votre confiance, ce Dieu bon vous viendrait en aide.

CCCLXIV.

QUEL QUE, TOUT QUE.

La Grèce, toute polie et toute sage qu'elle *être* avait reçu les cérémonies des dieux immortels et leurs mystères impurs. — Toute modeste qu'elle *être*, elle ne voulut pas s'avouer vaincue. — Quelque réelle que *être* la modestie de cette jeune personne, elle ne put s'aveugler sur la haute estime où elle était dans l'esprit de ses amis. — Quelque folle, quelque impertinente qu'elle *être*, cette politesse empressée et soutenue de son beau-père la frappa et lui imposa. — Tout éloquent que vous *être*, vous n'obtiendrez rien. — Tous les hommes quels qu'ils *être* sont condamnés à mourir.

CCCLXV.

Conjonctions qui veulent tantôt le subjonctif, tantôt l'indicatif.

Conduisez-vous toujours de manière que vous *obtenir* l'estime de tous les gens de bien qui vous connaissent. — Marat, Robespierre, Danton, se sont comportés de telle sorte qu'ils *avoir mérité* le mépris des révolutionnaires *mêmes*. — Avant de rien entreprendre prenez de justes mesures, *en sorte que* vous n'*avoir* rien à vous reprocher, si vous ne réussissez pas. — Travaillez de façon que vous n'*avoir* point un jour ce reproche à vous adresser : « Ah! si j'avais mieux employé mon temps!... — Saint Louis pratiquait la justice de telle sorte qu'aucun de ses sujets ne *venir* réclamer, lorsqu'avant de partir pour la croisade, il fit publier par tout son royaume qu'il était prêt à réparer les griefs faits à son insu par ses officiers. — Voulez-vous être aimé? Faites en sorte que vous *être* aimable.

EMPLOI DES TEMPS DU SUBJONCTIF PAR RAPPORT AUX PRONOMS RELATIFS.

CCCLXVI.

L'homme pour qui tout renaît, serait-il le seul qui *mourir* pour ne jamais revivre? — L'Evangile est le plus beau présent que Dieu *pouvoir* faire aux hommes. — Il y a peu de rois qui *savoir* trouver la véritable gloire. — La religion est toujours le meilleur garant que l'on *pouvoir* avoir des mœurs des hommes. — Vous êtes le premier qui *m'avoir parlé* avec tant de franchise et de confiance. — On peut dire que le chien est le seul animal dont la fidélité *être* à l'épreuve. — Le seul bien qu'on ne *pouvoir* pas nous enlever, c'est le mérite d'avoir fait une bonne action. — Cherchez un ami qui ne *craindre* point de vous reprendre.

CCCLXVII.

MÊME SORTE D'EXERCICE.

Le présent est le seul bien dont l'homme *être* vraiment le maître. — Il y a peu d'hommes qui *savoir* unir le mérite à la modestie. — C'est le seul tort que je *avoir* à vous reprocher. — L'exemple d'une bonne vie est la meilleure leçon qu'on *pouvoir* donner au genre humain. — Je vous envoie les plus belles étoffes que nous *avoir*. — Il nous avait envoyé les meilleurs fruits qu'il *avoir* dans son jardin. — Choisissez un ami qui *vouloir* et qui *pouvoir* vous servir au besoin.

EXCEPTIONS AUX RÈGLES QUE L'ON VIENT DE DONNER SUR LA CONCORDANCE DES TEMPS DU SUBJONCTIF.

CCCLXVIII.

Pensez-vous qu'il *valoir* mieux avoir beaucoup d'esprit sans vertu, que beaucoup de vertu avec peu d'esprit? — Ne savez-vous pas que je *avoir* le pouvoir de vous faire mourir, disaient les tyrans aux chrétiens qu'ils persécutaient? — Vous pouvez tuer notre corps, répondaient les martyrs; mais ne savez-vous pas, princes, que nous *mourir* joyeusement pour Jésus-Christ qui a tant souffert pour nous? — Croyez-vous que vos parents *vouloir* vous accorder la permission que vous désirez si ardemment? — Ne savez-vous pas que Rome, dès le commencement *être peuplée* d'hommes chargés de dettes et de crimes?— Voulez-vous qu'on *avoir* du respect pour vous? commencez par vous respecter vous-*mêmes*.

CCCLXIX.

MÊME SORTE D'EXERCICE.

Savez-vous que l'homme *n'avoir* jamais connu ni la mort ni les souffrances, si Adam et Eve n'avaient point péché? — Napoléon vainqueur et maître d'une grande partie de l'Europe au commencement de 1812,

pensait-il que deux ans plus tard il *être forcé* d'échanger
son grand royaume contre la très-petite île d'Elbe?
— Savez-vous qu'une bonne éducation et une instruction
solide *être* préférables à toutes les richesses de la
terre? — Ne savez-vous pas que vous *être* d'autant
plus estimés que vous serez plus vertueux? — Vou-
driez-vous que quelqu'un *venir* vous dire : « Vous
êtes un ingrat? Pourquoi donc offenser un Dieu qui
vous comble chaque jour de ses bienfaits?— Croyez-
vous qu'un écrivain *vouloir* imiter Voltaire, s'il comprend bien tous les maux que le faux philosophe a
faits à la religion et à sa patrie ?

EXCEPTIONS RELATIVES AUX VERBES IMPERSONNELS.

CCCLXX.

Il me semble qu'il n'y *avoir* pas de plus grande
jouissance que celle de faire des heureux. — Il faut
que le courage de celui qui commande aux autres
être à toute épreuve. — Quelque temps après le déluge, il arriva que la terre de Chanaan se trouvant
trop petite pour contenir la postérité de Sem, Cham
et Japhet, les hommes *devoir* se séparer. — Il est
certain que les écrits impies des philosophes du
XVIIIᵉ siècle *avoir contribué* puissamment à la révo-
lution de 89. — Il paraît que le lion ne s'en *prendre*
à l'homme, que lorsqu'il est affamé et qu'il ne
trouve point d'animaux à dévorer. — Parce que la
guerre est un fléau, il ne s'en suit pas qu'on ne *devoir*
jamais la faire. — Vous semble-t-il que nous *avoir*
tort ?

CCCLXXI.

Vous semble-t-il que les plus savants des payens
ajouter foi à toutes les fausses et ridicules histoires

des faux dieux ? Ne paraît-il pas plus probable qu'ils *rougir* d'eux-mêmes , s'ils avaient imité la conduite d'un Jupiter, d'une Vénus , d'un Bacchus et de beaucoup d'autres infâmes divinités ?—Je ne saurais croire, qu'un vrai serviteur de Marie *être abandonné* à l'heure de la mort. — Nous ne pourrions vous assurer que votre frère *être parti;* nous n'en savons rien. — Nous ne saurions croire qu'elle *vouloir* partir-maintenant. — Est-il certain que les choses *se passer* hier comme vous le racontez ? — Il ne me paraît pas que vous *avoir* raison. — Il nous semble que vous *avoir* besoin de repos. — Vous semble-t-il que je *devoir* acquiescer à leur désir ? — C'est désolant que votre mère ne pas *être* ici.

CCCLXXII.

S'il est certain que votre père *désirer* maintenant que vous *aller* à Marseille , allez-y. — Il est nécessaire que nous *revenir* aujourd'hui —Vous semble-t-il que Sésostris, *avoir eu* raison d'atteler quatre à quatre , comme des chevaux , les rois qu'il avait vaincus et faits prisonniers ? — Il est certain que s'il s'était trouvé seulement dix justes dans Sodome , Dieu *épargner* la ville en faveur de ces dix justes.— D'après ce que rapporte l'histoire, il paraît qu'en l'an 999 et même quelques années auparavant, on *avoir* une peur terrible de l'an 1000, que l'on regardait généralement comme devant être la dernière année du monde. — Il n'arrive pas toujours que nous *être* contents quand nous *obtenir* des créatures ce que nous leur demandions. — Il arrive très-souvent que nous nous *tromper.* — Il est probable que les peuples du nord *être demeurés* encore longtemps barbares, si de zélés apôtres n'étaient venus leur enseigner la douce morale de l'Evangile dès les premiers siècles de notre ère.

CCCLXXIII.

(Sur la règle relative aux verbes précédés d'un passé indéfini suivi d'une des conjonctions afin que, pour que, de crainte que, de peur que , quoique , bien que , encore que).

Je lui ai écrit hier soir afin qu'il *être prévenu* assez tôt de votre arrivée. — Nous avons donné des ordres pour que tout le monde se *trouver* ici à sept heures; il est maintenant sept heures et demie et plusieurs ne sont pas encore arrivés. — Nous lui avons fait tout le bien que nous avons pu , bien qu'elle ne le *mériter* pas dans ce moment-là — Vous lui avez fait prendre son manteau, de peur qu'il *n'avoir* froid en voiture ; mais il ne s'en est pas servi. — Dieu a accordé le sommeil aux méchants, afin que les bons *avoir* quelques moments de tranquillité. — Dieu nous a créés pour que nous l'*aimer* , le *servir* et *obtenir* ainsi la vie éternelle.

CCCLXXIV.

Dieu a créé le cheval, le bœuf , l'âne , le chameau et beaucoup d'autres animaux encore , pour qu'ils *assister* l'homme dans ses travaux. — Souvent on s'est bien trouvé de brûler dans un champ stérile , la paille sèche restée sur pied , soit que cet incendie *communiquer* à la terre des sucs nourrissants , soit que le feu en *évaporer* une humidité superflue ; soit que la chaleur en *ouvrir* les pores et *dégager* les conduits secrets par où la sève doit s'insinuer dans les racines de l'herbe naissante; soit qu'au contraire, elle *durcir* le sol , en sorte que ni les pluies excessives, ni les chaleurs brûlantes , ni les fortes gelées ne *pouvoir* les pénétrer et en emporter le suc.

CCCLXXV.

Vous avez voulu que tout cela se *faire* sans éclat. — Le czar exigea que tout le monde *paraître* à cette fête habillé selon l'ancienne mode. — Pierre-le-Grand ne voulait point que son beau-frère *paraître* dans un autre état que celui auquel l'avait accoutumé sa mauvaise fortune. — Le czar ordonne que les sénateurs de Moscou se *transporter* à Saint-Pétersbourg. — Quelque modique que *être* la somme exigée pour sa rançon, on ne put la trouver. — Je l'ai prévenue de votre retour, afin qu'elle ne *manquer* pas de venir ce soir. — Nous lui avons envoyé ses livres par un exprès (1) afin qu'elle les *avoir* demain soir. — Je leur ai écrit pour qu'ils *être* ici à dix heures, voilà que dix heures et demie vont sonner et nous les attendons encore.

RÉCAPITULATION DES EXERCICES SUR LES TEMPS DU SUBJONCTIF.

CCCLXXVI.

Il a fallu qu'elle se *déranger* pour te laisser passer. — Arrivé le soir à l'hôtellerie, quoiqu'on *être* au plus fort de l'hiver, et qu'il se *sentir* pénétré de froid, jamais il (St-Louis de Gonzague) ne se chauffait. — Il demandait souvent à son père qu'il lui *permettre* d'aller visiter ces pauvres gens. — Il est juste qu'un meurtrier *périr*. — Trajan avait pour maxime qu'il fallait que ses concitoyens le *trouver* tel qu'il eût voulu trouver l'empereur, s'il eût été simple citoyen. — Nous

---

(1) Un *exprès*, c'est-à-dire un homme envoyé exprès.

n'avons jamais rien remarqué dans ce saint jeune homme qui *pouvoir* être la matière d'un péché véniel. — J'exige que vous vous *retirer* sur l'heure.

CCCLXXVII.

Rien n'annonçait qu'il *devoir* sortir bientôt de l'incertitude dans laquelle il était — Quand il vit le quatrième jour se passer sans qu'on *venir* lui rendre la liberté, sa colère ne connut plus de bornes. — Tu seras roi un jour ; il sera nécessaire que tu *savoir* ce qui s'est passé, pour travailler au bonheur de tes peuples — Il n'y avait qu'une seule des vastes et longues avenues des jardins qui *être illuminé.* — Crois-tu donc qu'on *pouvoir* penser aux plaisirs, quand on a dans la tête un projet sérieux?—Ce ne sera pas moi, leur dit le roi, qui lui répèterai tous vos joyeux propos; car il faudrait que je lui *dire* aussi que j'en ai ri de bon cœur. — Pourvu qu'il ne nous *arriver* pas malheur.

CCCLXXVIII.

Guillaume III, roi d'Angleterre, laissa la réputation d'un grand politique quoiqu'il n'*avoir* pas *été* populaire. — Obéis, si tu veux qu'on t'*obéir* un jour. — Il semble que les grandes entreprises *être* parmi nous plus difficiles à mener que chez les anciens. — Si vous étudiez et que vous *prendre* de la peine, vous apprendrez. — Il n'est guère de courtisans qui ne *faire* leur cour aux dépens des autres. — Il est certain qu'elle *arriver* hier et qu'elle *partir* ce soir. — Est-il certain que vous *revenir* dans quinze jours?

CCCLXXIX.

Pluton est le plus grand philosophe qu'*avoir* l'antiquité.—Le roi le plus sage même est souvent trompe *quelles que, quelques* ou *quelque* précautions qu'il *prendre* pour ne l'être pas. — Est-il probable que Dieu *être* indifférent aux outrages qu'il reçoit de la part des hommes ; n'est-il pas certain, au contraire, que Dieu *être* infiniment *outragé*, et que s'il se montre si patient, c'est qu'il est miséricordieux et que sa justice a l'éternité pour punir? — Avant de rien entreprendre, prenez de justes mesures, en sorte que vous n'*avoir* rien à vous reprocher, si vous ne réussissez pas. — Cyrus disait qu'on n'est pas digne de commander, à moins qu'on ne *être* meilleur que ceux à qui on commande. — Il faudrait que je *être* bien ingrat pour oublier jamais ce que vous faites pour moi. — Pourquoi faut-il que le bonheur *attiédir* votre piété? — Il me semble que vous *avoir* raison de parler comme vous le faites. — Il me semble que vous *avoir* raison d'agir comme vous l'avez fait.

CCCLXXX.

Si vous lisez l'histoire et que vous *chercher* un prince également favorisé et persécuté par la fortune, vous le trouverez dans la personne du roi Henri IV. — Il me semble que rien n'*être* plus propre à élever l'âme que la contemplation des merveilles de la nature. — Je crains que Votre Majesté ne se *faire* illusion, dit La Palisse (1) à François Iᵉʳ. — Croyez-vous que je *être* tellement voyageur, que je ne m'*arrêter* nulle part, et qu'une lettre ne *pouvoir* m'atteindre? — Il avait pensé à se procurer une retraite où on ne

(1) La Palisse, général français qui se distingua par sa sagesse et sa bravoure, sous Charles VIII, sous Louis XII et sous François Iᵉʳ. La Palisse ou La Palice mourut en combattant les Espagnols, en 1525.

pouvoir l'atteindre. — Il spécifia à plusieurs ce qu'il
désirait qu'ils *faire* aussitôt après sa mort. — Plusieurs de ses amis l'engageaient par diverses raisons à
demander à Dieu qu'il lui *prolonger* la vie. — Si
vous étudiez et que vous *prendre* de la peine, vous
feriez des progrès.

CCCLXXXI.

Le siége d'Azoth dura vingt-neuf ans : c'est le plus
long siége dont il *être* question dans l'histoire ancienne. - Il est si naturel d'estimer ce qu'on aime,
qu'on voudrait que partout on l'*estimer* de même. -
Ils imaginèrent de corrompre un homme quelconque,
d'en faire un traître, et de manœuvrer avec lui, de façon qu'il leur *livrer*, pour point d'appui, une des villes
fortes. - Il ne s'écoula presqu'aucune année sans qu'il
publier des mémoires ou d'autres ouvrages d'une utilité réelle. - Bien que je *être* étranger à Naarden,
comme je viens d'y attirer l'attention générale, le premier passant peut me reconnaître à mes habits. - Il
n'est point d'homme, quelque mérite qu'il *avoir*, qui
ne *être très-mortifié*, s'il savait tout ce qu'on pense
de lui. - Seigneur, vous châtiez peu à peu ceux qui
s'égarent, afin que, se séparant du mal, ils *croire* en
vous. - On s'est servi d'écorces d'arbres pour écrire,
avant que le papier *être* en usage.

CCCLXXXII.

Monsieur de Turenne ne voulut jamais rien prendre à crédit chez les marchands, de peur, disait-il,
qu'ils n'en *perdre* une bonne partie, s'il venait à être
tué. Tous les ouvriers qui travaillaient pour sa maison, avaient ordre de porter leurs mémoires avant
qu'on *partir* pour la campagne, et ils étaient payés.

régulièrement. - Absalon disait : « Votre cause me
paraît bonne, mais il n'y a personne à qui le roi *avoir
commis* le soin de vous rendre justice. - Hâtons-
nous de sortir de la ville, afin qu'il ne nous *surpren-
dre* pas, et qu'après nous avoir enfermés dans Jérusalem, il ne nous *faire* périr par l'épée nous et tous
les habitants de cette ville. - Pour moi, il faut bien
que j'y *aller*, puisque mon devoir m'y appelle ; mais,
vous, retournez avec vos frères, et que le Seigneur
vous *récompenser* de votre zèle et de votre fidélité.
- Aucun d'entre vous, quelque jeune qu'il *être*, n'hé-
sitera un seul moment dans le choix à faire entre ces
deux hommes. - Je vous conjure donc d'étudier et
d'observer les commandements du Seigneur notre
Dieu, afin que vous *rester* en possession du beau
pays qu'il vous a donné, et que vous le *laisser* à vos
enfants.

CCCLXXXIII.

La charité chrétienne exige que nous *pardonner*
à nos ennemis et que nous *faire* du bien à ceux qui
nous *haïr*. - Il faut qu'un général *savoir* garder un
secret. - Lycurgue, par une de ses lois, avait défendu
qu'on *éclairer* ceux qui sortaient le soir d'un festin,
afin que la crainte de ne pouvoir se rendre chez eux,
les *empêcher* de s'enivrer. - Je ne crois pas que ce
être un bonheur de commander à beaucoup de
monde. - Quoique la communauté de Clairvaux *être*
nombreuse, le silence de la nuit y régnait pendant le
jour. - On amenait à saint Bernard tous les malades
pour qu'il *prier* sur eux et qu'ils *être guéri*. - Quoiqu'on *préparer* un grand nombre de croix, il n'y en
avait point encore assez pour tous ceux qui se pré-
sentaient. - Il est certain que cet enfant *être* malade
la semaine dernière.

CCCLXXXIV.

Est-il certain que cet enfant *être* malade la semaine dernière? - Il n'en résulte pas que vous *devoir*
partir. - Il nous semble que vous *devoir* mettre
ordre à tout cela. - Quelque bonnes que *être* les
lois d'un pays, elles sont inutiles, si le roi ne leur
donne de l'autorité par son exemple. - Je ne croi-
rai jamais qu'on *pouvoir* civiliser les peuples
barbares (comme on les a civilisés), si on ne leur avait
pas parlé le langage de la religion. - Les maîtres
ont-ils tort d'exiger que leurs élèves *faire* bien tous
leurs devoirs? - D'autres missionnaires s'étaient en-
rôlés parmi les parias, heureux d'être regardés comme les balayures du monde, pourvu qu'au prix de
leurs *affronts* ils *pouvoir* ramener quelques âmes au
céleste Pasteur, - Quoique la pauvre mère *s'effor-
cer* de vaincre sa douleur, sa santé s'altéra sous le
poids d'une préoccupation continuelle. - Dieu a
permis qu'elle *vivre*, pour que ma faute, ma grande
faute *pouvoir* être réparée.

RÉCAPITULATION GÉNÉRALE DES EXERCICES SUR LE
NOM, L'ADJECTIF, LE PRONOM ET LE VERBE.

CCCLXXXV.

Les *Cicéron*, les *Démosthènes*, les *Homères*,
les *Virgile* ou les *Cicérons*, les *Démosthène*,
les *Homère*, les *Virgiles*, seront toujours rares. —
Quelque ou *quelles que* richesses que vous *avoir*,
de *quelque* ou *quelques* ou *quelque* avantages
que vous *jouir*, vous ne serez point heureux, si
vous ne savez réprimer vos passions. — *Quelque* ou
quels que ou *quelques* habiles, *quelques* ou *quels*

que ou *quelque* éclairés que nous *être*, ne faisons pas un vain étalage de notre science. — *Quelque* ou *quelque être* votre naissance, *quelques* ou *quelles que* ou *quelque être* vos dignités, vous ne devez mépriser personne — La même justesse d'esprit qui nous fait écrire de bonnes choses nous fait appréhender qu'elles ne *le* ou *les être* pas assez pour mériter d'être lues. — On a souvent besoin d'un plus petit que *soi* ou *lui*.

CCCLXXXVI.

Les habitudes vicieuses sont des maladies *à qui* ou *auxquelles* les secours humains ne peuvent seuls remédier. — Les magistrats doivent rendre la justice à tout le monde, *même* ou *mêmes* à leurs ennemis. — Deux ou trois *tête-à-tête* ou *têtes-à-têtes* suffisent ordinairement pour connaître le caractère d'une personne. — Le pape Léon X recueillait avec grand soin les *chefs-d'œuvres* ou *chef-d'œuvre* ou *chefs-d'œuvre* de l'art. — Parmi les *contre-poisons* ou *contre-poison*, il y en a un qu'on appelle Mithridate. — La pause des *alinéa* ou *alinéas* doit être plus longue que celle des points simples. — Les saints, dans le Ciel, ont *une si grande* ou *un si grand* amour pour Dieu, qu'il leur est impossible de l'offenser. — Tous les Israélites qui sortirent de l'Egypte à la suite de Moïse, périrent dans le désert, *excepté* ou *exceptés* Caleb et Josué. — Le fleuve le Gange parcourt un espace de près de cinq *cent* ou *cents* lieues. — Les *demis-savants* ou *demi-savants* sont dangereux.

CCCLXXXVII.

Dieu a une bonté et une puissance *infinies* ou *infini*. — La Chine est très fertile; mais elle *le* ou *la* serait bien davantage, si elle était bien cultivée. —

L'homme livré à ses passions est à *soi-même* ou *lui-même* son propre bourreau. — On devrait souvent s'appliquer à *soi-même* ou *lui-même* les reproches qu'on entend faire aux autres. — L'ambition, aussi bien que la crainte et l'avarice, *agite* ou *agitent* l'esprit, *rongent* ou *ronge* le cœur, *fait* ou *font* fuir les plaisirs purs et simples. — La plupart des rois *n'ont* ou *n'a* pas assez de courage pour rejeter la flatterie. — Eumène, le seul d'entre les généraux qui *avoir montré* de la probité et de l'attachement à la famille royale, fut vaincu par la trahison de ses propres soldats, et livré à Antigone qui le fit mourir, quoiqu'ils *avoir* autrefois *été liés* de la plus étroite amitié.

CCCLXXXVIII.

Fénelon, archevêque de Cambrai, naquit au château de Fénelon, le six août *mille* ou *mil* six *cent* ou *cents* cinquante-et-un, d'une famille ancienne et distinguée. — Le mensonge est un vice *pour qui* ou *pour lequel* la jeunesse devrait avoir la plus grande horreur. — Les enfants, *tout* ou *tous* aimables qu'ils *être* ont souvent bien des défauts qu'il est important de corriger. — Ce *être* les Égyptiens qui, les premiers, observèrent le cours des astres. — Il serait à souhaiter que la charité chrétienne *régner* parmi tous les hommes : bientôt il ne serait plus question de guerre ni de procès. — Il faut que, sur le champ, vous *rendre* réponse au sénat. — La moitié des assiégés força, pendant une nuit obscure, le mur que les assiégeans avaient élevé autour de la ville, et s'échappa avant que les Lacédémoniens *être revenus* de leur surprise.

EXERCICES SUR LA NATURE DES VERBES.

CCCLXXXIX.

Dites après chaque verbe en italique s'il est actif, neutre, etc.

Un jour d'été, Monsieur de Turenne était en petite veste blanche et en bonnet à une fenêtre de son antichambre. Un de ses gens *survint*, et, trompé par l'habillement, le *prend* pour l'aide de cuisine. Il *s'approche* doucement par derrière, et lui *applique* un grand coup. L'homme frappé se *retourne* à l'instant, le valet *voit* en *tremblant* le visage de son maître, il se jette à ses genoux tout éperdu : « Monsieur, lui *dit-il*, j'*ai cru* que c'était Georges le cuisinier. Et quand c'*eût été* Georges, *répondit* Monsieur de Turenne en *se frottant* le derrière, il ne *fallait* pas frapper si fort. » C'est toute la réprimande qu'il fit à ce domestique, et c'est ainsi qu'il en *usait* à l'égard des autres. Aussi *était-il* également *adoré* de ceux qui le *servaient* et de tous ceux qui *servaient* sous lui.

CCCXC.

MÊME SORTE D'EXERCICE.

Que de choses *sont* souvent *contenues* dans une seule parole!-La veille de la fatale bataille de Pavie, François Ier fit *appeler* La Palice pour lui *demander* son avis sur les dispositions à prendre pour le combat. — Plus d'une fois, on *avait vu* La Palice *subvenir* de ses propres deniers à la nourriture et à l'entretien de ses troupes, qui, sans lui, *seraient mortes* de misère et de faim. — Il *pleut* donc des Flamands, *s'écria* le roi. — Le Seigneur *récompense* les justes jusqu'à la millième génération; il *punit* les coupables jusqu'à la quatrième. — La terre *trembla*, les rochers se *fendirent*, plusieurs morts *ressuscitèrent*. — Elle *construisit* donc là son abbaye. — Nous nous *sommes* beaucoup *occupés* de calcul et d'orthographe. — Qu'il nous *suffise* de savoir qu'il n'*est* question de Caen dans aucune histoire avant le dixième siècle. — Le soir, la prière, la prédication, *rassemblaient* de nouveau le troupeau fidèle autour du pasteur, et les travaux de ces saintes journées ne se *terminaient* qu'avec la course du soleil. — Il *a plu* la nuit dernière. — Il *est* nécessaire que vous employiez bien votre temps.

DES PARTICIPES PRÉSENTS ET DES ADJECTIFS VERBAUX.

CCCXCI.

Voyez les numéros 299 et 300 et expliquez ensuite pourquoi on fait varier ou pourquoi on laisse invariables les mots en italique.

Toutes les planètes *circulant* autour du soleil, paraissent avoir été mises en mouvement par une impulsion commune.

Corsaires à corsaires,
L'un l'autre *s'attaquant* ne font pas leurs affaires.

La géographie et la chronologie *étant* les deux yeux de l'histoire, pour bien étudier celle-ci, il faut être guidé par celles-là. — Je suis persuadé qu'en *travaillant* pendant six mois avec application, vous ferez des progrès très-sensibles dans vos études. — Il est rare de voir une personne *méprisant* les honneurs et *foulant* aux pieds les richesses. — Noé en *sortant* de l'arche avec sa famille, fléchit les genoux et éleva ses mains *reconnaissantes* vers le Seigneur. — Le royaume continua d'être *florissant* et paisible sous Salomon.

CCCXCII.

La gloire de Salomon, si *brillante* à son aurore,

s'éclipsa sur le déclin de la vie de ce prince. — Fénelon était une de ces âmes *aimantes* qui, nourries des préceptes de l'Evangile, sont *bienfaisantes* autant par instinct que par devoir.

Si des beaux jours *naissants* on chérit les prémices,
Les beaux jours *expirants* ont aussi leurs délices ;
Dans l'automne, ces bois, ses soleils *pâlissants*
Intéressent notre âme en *attristant* nos sens.

Des esprits bas et *rampants* ne s'élèvent jamais au sublime. — Une personne *obligeante* se fait aimer de tout le monde. — La vie de saint Louis de Gonzague est très-*édifiante*. — A Paris on filtre l'eau de la Seine pour en ôter les qualités *malfaisantes*. — Si l'homme fut resté *obéissant* aux commandements de Dieu, toutes ses journées eussent été des jours de fête.

CCCXCIII.

Dans cet exercice et dans les exercices suivants on a écrit tous les qualificatifs en ant, *invariables : c'est à vous de voir s'ils sont adjectifs ou participes et s'ils doivent varier ou non.*

(Numéros 297, 298, 299, 300). Dieu, en *punissant* Adam et Eve de leur désobéissance, leur laissa dans l'âme un profond souvenir de lui, une pensée de reconnaissance et d'adoration. — Le lynx est un petit animal qui a la vue très-*perçant*. — Méditez souvent sur les feux *dévorant* de l'enfer, *brûlant* continuellement les damnés sans jamais leur ôter la vie : considérez ces malheureux réprouvés, *souffrant* des douleurs inconcevables et cela pendant toute l'éternité. — Les enfants *aimant* leurs parents, *respectant* leurs maîtres, *remplissant* leurs devoirs, sont aimés et estimés de tout le monde. — Les feux-follets ou lumières *errant* qu'on voit quelquefois dans les airs pendant la nuit, ne sont propres qu'à égarer le voyageur qui voudrait se conduire à leur clarté. — Dans leur chasse au lion, les Arabes prennent quelquefois des lionceaux *vivant*.

CCCXCIV.

MÊME SORTE D'EXERCICE.

Bernardin de Saint-Pierre *décrivant* la variété de quelques mouches, dit : Quelques-unes avaient des ailes longues et *brillant* comme des lames de nacre ; celles-ci volaient en *tourbillonnant* à la manière des papillons ; celles-là s'élevaient en l'air, en se *dirigeant* contre le vent, par un mécanisme à peu près semblable à celui des cerfs-*volant* de papier, qui s'élèvent en *formant* avec l'axe du vent, un angle de vingt-deux degrés et demi. — Les phénomènes que l'on désigne ordinairement sous le nom d'étoiles *tombant*, ne sont pas des étoiles, mais des vapeurs qui s'enflamment dans l'air. — Les siècles en *passant* sur ces monuments les ont détruits.

CCCXCV.

MÊME SORTE D'EXERCICE.

La procession du dehors chante, en *frappant* la porte avec le bâton de la croix : « Ce roi de gloire c'est le Seigneur fort et puissant. — Jésus, *expirant* sur la croix, a fait trembler la terre.

Par une belle nuit, un grillon *sautillant*
Et *chantant*,
S'en allait tout le long d'une plaine fleurie,
Il y rencontre un ver *luisant*
Bien *brillant*
Dont la vive lueur éclairait la prairie.

Par un prodige *étonnant*, nous voyons le Saint des Saints qui prend jusqu'à l'apparence du péché pour sauver le pécheur. — La langue du *médisant* est un feu *dévorant* qui flétrit tout ce qu'il touche. — L'orgueil, qui n'aime point la dépendance, se dédommage toujours en *trouvant* des faiblesses et des défauts dans ceux auxquels il est forcé d'obéir. — Ces orgueilleux, en *exigeant* au-delà de ce qui leur est dû, font qu'on leur conteste même ce qu'on devrait leur rendre.

PARTICIPES PASSÉS.

CCCXCVI.

Voyez le numéro 303 de la grammaire et d'après cela corrigez les participes qui sont en italique et dites pourquoi vous écrivez ainsi chacun de ces participes.

Marie-Thérèse, reine d'Autriche, *obligé* de s'enfuir de Vienne avec un enfant qui fut plus tard Joseph II, alla trouver les Hongrois à qui elle adressa ces paroles : *Abandonné* de mes amis, *persécuté* par mes ennemis, *attaqué* par mes plus proches parents, je n'ai de ressource que dans votre fidélité, votre courage et ma constance. — Les grues *rassemblé* établissent une garde pendant la nuit; la troupe dort, la tête *caché* sous l'aile; mais le chef veille la tête haute, et si quelque objet le frappe, il en avertit par un cri. — *Muni* de longues ailes et d'une queue *fourchu*, les hirondelles de mer, par leur vol constant à la surface des eaux, représentent assez bien, sur la plaine liquide, les allures des hirondelles de terre dans nos campagnes et autour de nos habitations.

CCCXCVII.

MÊME SORTE D'EXERCICE.

LE GRAND-DUC, OISEAU NOCTURNE.

On distingue aisément le Grand-Duc à sa grosse figure, à son énorme tête, aux larges et profondes cavernes de ses oreilles, aux deux aigrettes *surmontant* sa tête, et *élevé* de plus de deux pouces et demi ; à son bec court, noir et crochu, à ses grands yeux fixes et transparents, à ses larges prunelles noires et *enveloppé* d'un cercle de couleur orangée ; à sa face *entouré* de poils ou plutôt de petites plumes blanches et *décomposé*, qui aboutissent à une circonférence d'autres petites plumes *frisé* ; à ses ongles noirs, très-forts et très-crochus, à son cou très-court, à son plumage d'un roux-brun, *tacheté* de noir et de jaune ; à ses pieds *couvert* d'un duvet épais et de plumes roussâtres jusqu'aux ongles ; enfin, à son cri *effrayant* huihou, houhou, bonhou, pouhou, qu'il fait retentir dans le silence de la nuit, lorsque tous les animaux se taisent ; c'est alors qu'il les éveille, les inquiète, les poursuit et les enlève ou les met à mort pour les dépecer et les emporter dans les cavernes qui lui servent de retraite : aussi n'habite-t-il que les rochers ou les vieilles tours *abandonné* et *situé* au-dessus des montagnes ; il descend rarement dans les plaines, et ne se perche pas volontiers sur les arbres, mais sur les églises *écarté* et les vieux châteaux.

CCCXCVIII.

RÈGLE. — *Tout participe passé accompagné de l'auxiliaire avoir s'accorde en genre et en nombre* avec son régime direct, si ce régime direct est placé avant le participe; mais si le participe n'a pas de régime direct ou que le régime direct est placé après le participe, alors le participe passé reste invariable. — Le participe passé employé sans auxiliaire s'accorde, comme vous l'avez vu dans la grammaire au numéro 303 avec le nom ou le pronom auquel il se rapporte.

Il y a des sottises bien *habillé*, comme il y a des sots bien *vétu*. — Un matin, à l'aube du jour, la sentinelle *placé* au haut des hunes, aperçut trois ours qui cheminaient vers le bâtiment *arrêté* au milieu des glaces. C'étaient une femelle qui s'avançait *précédé* de ses deux petits presque aussi forts qu'elle. Tous trois coururent vers les restes d'un feu autour duquel on voyait *étendu* quelques débris de chair. La mère distribua le butin en donnant à ses petits la plus forte part. Les chasseurs n'attendaient que ce moment pour les ajuster, ils font feu et les deux oursons tombent *mort* sur le coup; la mère se trouva légèrement *blessé*. — On pourrait appeler la politesse une bonté *assaisonné* : c'est la bonne grâce *ajouté* au bon cœur. — Voilà donc votre fille *sauvé* de la petite vérole — Cet homme a un esprit *posé* et des paroles *mesuré*. — C'est mon frère qui m'a *conté* ce détail. — Il n'a pas *laissé* de grands biens. — Vous me peignez fort bien ce bel esprit *guindé*. — Le prince lui a *commandé* de partir. — La médisance est une envie basse, qui, *blessé* des talens ou de la prospérité d'autrui, en fait le sujet de sa censure. — Voici les livres que vous m'avez *demandé*.

CCCXCIX.

MÊME SORTE D'EXERCICE.

Tout participe passé accompagné de l'auxiliaire

être s'accorde en genre et en nombre avec son sujet, à moins que l'auxiliaire être ne soit mis pour l'auxiliaire avoir. L'auxiliaire être n'est mis pour l'auxiliaire avoir que dans les verbes pronominaux accidentels. — Un participe passé accompagné de l'auxiliaire être mis pour l'auxiliaire avoir s'accorde avec son régime direct, s'il en a un placé avant lui; sinon il est invariable.

On pourrait appeler la politesse une bonté *assaisonné :* c'est la bonne grâce *ajouté* au bon cœur. —Le papier de coton que les Arabes avaient *rapporté* de l'Orient, ne remédia que faiblement à l'insuffisance et à la cherté du parchemin. — La fabrication du papier de coton a *dû* amener celle du papier de linge. — Les efforts qu'ont *fait* les Polonais en 1830 pour secouer le joug des Russes ont été inutiles. — Témugin fut *surnommé* Gengis-Kan, c'est-à-dire, roi des rois, à cause de sa puissance et des conquêtes qu'il avait *fait.* — On avoue les torts qu'on a *eu* et l'on nie ceux qu'on a ; de même on raconte les maux qu'on a *souffert* et l'on cache ceux que l'on souffre. — Le jeudi saint, l'Eglise a *quitté* ses ornements de tristesse ; la couleur rouge a *remplacé* le violet, couleur d'humilité et de pénitence. L'Eglise n'a *pu,* le jour où le miracle d'amour s'est *opéré,* garder ses vêtements funèbres ; pour l'office du matin, elle les a *déposé,* et s'est *paré* pour la fête. — Quand le dimanche des Rameaux est *venu,* on voit, dès le matin, sur les places et dans les rues, des marchands de branches *verdoyant.* — Dans les capitales, toujours si *agité* et si *bruyant,* quand vient la grande journée de tristesse, on s'aperçoit peu que les sonneries des églises ont *cessé* depuis la veille.

CCCC.

MÊME SORTE D'EXERCICE.

O mon peuple! que t'ai-je *fait?* en quoi t'ai-je

contristé? Parce que je t'ai *délivré* de la captivité; parce que, durant quarante ans, je t'ai *nourri* dans le désert; parce que de la stérilité je t'ai *conduit* dans une terre féconde; qu'ai-je *pu* faire de plus pour toi? N'as-tu pas été la vigne que j'ai *planté*, que j'ai *gardé* sous ma protection? Et tu m'as *attaché* à la croix, et quand j'ai *eu* soif, tu m'as donné à boire du vinaigre et du fiel. — Sainte Thérèse, après qu'elle se fut *fait* religieuse, reçut de Dieu des faveurs *signalé* et l'on parlait déjà beaucoup des grâces singulières qui lui étaient *accordé*, quand, pour rétablir sa santé *affaibli*, elle retourna dans sa famille. — Venise étant *bâti* sur 150 petites îles, les rues sont autant de canaux, et, au lieu de voitures, on se sert de petites barques *allongé*, *nommé* gondoles.

CCCCI.

MÊME SORTE D'EXERCICE.

Monsieur, disait un délateur à Louis de Bourbon, frère du roi de France Charles V, voici un mémoire qui vous instruira de plusieurs fautes qu'ont *commis* contre vous des personnes que vous avez *honoré* de vos bontés. - Avez-vous aussi *tenu* un registre des services qu'elles m'ont *rendu*, répondit ce prince? — Les peuples *mêmes* que l'on a *regardé* comme sauvages, ont *admiré* et *estimé* les hommes justes, *tempérant* et désintéressés. — Racine et Boileau se sont *donné* pendant leur vie des preuves de l'estime la plus sincère. — Des enfants étourdis deviennent des hommes vulgaires; c'est une observation qu'on n'a jamais *vu* démenti, et que l'expérience a toujours *confirmé*.

CCCCII.

Nous sommes *résolu* de nous en aller en Provence.

— Toute la faute de ce prince était de s'être *montré* trop bon, trop faible, et d'avoir *laissé* tomber le pouvoir entre les mains de ses ennemis. — Les hommes qui se sont *rendu* les plus dignes des regards de la postérité sont ceux qui se sont *fait* les bienfaiteurs du genre humain. — Le premier degré du pardon est de ne plus parler de l'injure qu'on a *reçu.* — Celui qui nous a *instruits* et qui nous a *inspiré* le goût de la vertu, a des droits *sacré* à notre reconnaissance. — Lorsque ces dames se sont *rencontré*, elles se sont *salué*, mais elles ne se sont pas *parlé.* — Les hommes passent comme des fleurs, qui, épanouies le matin, le soir sont *flétri* et *foulé* aux pieds. — La vertu timide est souvent *opprimé.*

CCCCIII.

La vertu obscure est souvent *méprisé.* — Les anciens Grecs étaient généralement *persuadé* que l'âme est immortelle. — En 1812 une grande bataille fut *livré* près de la rivière la Moskowa : les Russes furent *défait*, la ville de Moscou fut *pris ;* mais bientôt elle fut *incendié* par *quelques* russes *resté* dans la ville. Les Français furent alors *forcé* d'abandonner Moscou et de commencer le mouvement rétrograde vers la France. — L'hiver avait déjà *commencé :* la terre était *couvert* de neige et le froid était excessif. Pour comble de malheur les soldats français qui étaient *exténué* de fatigue étaient *vêtu* à demi et souvent ils étaient *privé* de chaussure et de pain. Chaque nuit était *signalé* par la mort d'un grand nombre d'hommes qui avaient *succombé* au froid et chaque journée était *marque* par plusieurs combats meurtriers. Les blessés, les malades étaient *abandonné* en chemin, et leurs cris, leurs gémissements n'étaient point *entendu.*

CCCCIV.

Les Français qui s'étaient *trompé* de route ou qui n'avaient *pu* suivre le gros de l'armée étaient impitoyablement *égorgé* par les Cosaques ou *massacré* par les paysans. La voix des officiers n'était plus *écouté* ; de temps en temps la morne stupeur de l'agonie était seule *troublé* par le cri d'un immense désespoir. Au bout de dix jours, trente mille chevaux avaient été *perdu* et quarante *mille* hommes étaient *mort* de froid ou de misère. Cependant la justice divine n'était pas encore *apaisé* par ce nombre considérable de victimes : de plus grands malheurs attendaient les Français près de la Bérésina. La température s'était un peu *adouci* ; comme les glaces étaient *fondu*, deux ponts furent *jeté* sur la Bérésina ; et tandis que les Russes étaient *repoussé* par une poignée de braves, les ponts commencèrent à être *franchi* par l'armée française.

CCCCV.

Par malheur l'un des ponts s'est *écroulé* sous le poids des caissons et des attelages, l'autre est *encombré* d'hommes qui cherchent à atteindre la rive droite. Des masses de fugitifs se sont *rassemblé* aux abords de ce pont et sur les glaçons de la rivière. Les passages sont *disputé*, de lamentables cris sont *jeté* par les blessés, d'horribles imprécations sont *poussé* par les soldats qui ne se sont pas encore *ouvert* un passage. En ce moment l'armée russe qui s'était *rapproché* de l'armée française fait pleuvoir des boulets au milieu de la foule. Alors les malheureux qui sont *foudroyé* par le canon de l'ennemi et qui sont *exposé* à une mort certaine, se sont *élancé* vers le pont. A leur tour les cavaliers français se sont *précipité* aussi sur le pont le sabre à la main et se sont *frayé* un passage à travers les blessés et les mourants qui se sont *cramponné* aux pieds des chevaux avec toute l'énergie du désespoir. Plusieurs se sont *précipité* dans la rivière pour la passer à la nage ou sur les énormes glaçons qui sont *charrié* par la Bérésina, mais presque tous sont *englouti*. De cette grande armée qui s'était *promis* la conquête de la Russie, quelques milliers seulement furent *ramené* en France après avoir été *harcelé* par les Russes depuis Moscou jusqu'à Berlin.

CCCCVI.

Les mauvaises nouvelles se sont toujours *répandu* plus promptement que les bonnes. — *C'est* ou *ce sont* des débris de l'empire romain que se sont *formé* la plupart des états de l'Europe. — Pierre-le-Grand a *fondé* la ville de Saint-Pétersbourg dans laquelle s'est *formé* de nos jours une cour *brillant*, où se sont *naturalisé* les plaisirs délicats et le goût des beaux-arts. — Comment s'est *éclipsé* la gloire des Grecs et des Romains, cette gloire qui avait *brillé* par toute la terre? — La succession des jours et des nuits n'a jamais été *interrompu*, et a toujours *eu* un cours égal et majestueux depuis qu'elle a été *établi* pour la décoration de l'Univers et l'utilité des hommes. — Toutes les paroles de ce prince sont *dicté* par la vérité. — Vous avez *achevé* votre ouvrage, ô Seigneur! Vous avez *triomphé* de la mort, et maintenant vous allez reprendre possession de la gloire du Ciel, gloire dont vous vous étiez *dépouillé* pour nous. Déjà bien *élevé* au-dessus de la terre, vous nous regardez encore; vous voyez à votre suite les justes que vous avez *racheté*, que vous avez *fait* sortir de leur sombre prison.

CCCCVII.

Ils se sont *avancé* avec simplicité et modestie et ont *répondu* d'une manière *satisfaisant* à toutes les questions qui leur ont été *adressé* —Les ruses les plus basses sont *employé* sans remords, dès qu'elles peuvent faciliter les desseins criminels de l'homme injuste. — Nous nous sommes *applaudi*, mon frère et moi, d'avoir *suivi* les bons conseils que vous nous avez *donné*. — La mère et le fils s'étaient *avancé* vers la porte ; mais là ils trouvèrent un empêchement inattendu. — Plusieurs mois s'étaient *écoulé* depuis la prise du château. — Après avoir *débridé* leurs chevaux et s'être *informé* si le duc ne réclamait pas leurs services, les pages étaient *sorti* de l'hôtel. —Le dauphin n'avait pas *tardé* à apprendre les ordres que le roi avait *donné* contre lui, et du premier coup d'œil, il avait *jugé* qu'il lui serait impossible de résister. — Pauvres conspirateurs que vous êtes! vous aviez *tramé* votre complot dans l'ombre, mais l'ombre s'est *éclairé* pour moi. — Quelques-uns de nos auteurs modernes se sont *imaginé* qu'ils surpassent les anciens. — Les ennemis se sont *emparé* de la ville — Votre sœur s'est bien *repenti* de la faute qu'elle a *commis*. — Dites-moi, mes amis, ne vous êtes-vous jamais *repenti* d'avoir trop parlé?

CCCCVIII.

La plupart des grands hommes de mer que la France a produit se sont *formé* dans la marine marchande. — Quels honneurs les grands princes n'ont-ils pas *rendu* à ceux qui se sont *distingué* dans les arts. — Les Asiatiques se sont *fait* une espèce d'art de l'éducation de l'éléphant. — Beaucoup de personnes se sont *troublé* le cerveau par des lectures dangereuses. — Sept villes de la Grèce se sont *disputé* l'honneur d'avoir *donné* naissance à Homère.— L'homme n'a guère de maux que ceux qu'il s'est *attiré* lui-même. — Les déréglements affreux qui inondèrent la terre après que la race de Seth se fut *multiplié* et se fut *allié* avec celle de Caïn, font voir ce que peut le mauvais exemple. — Bonnes gens, pourquoi êtes-vous si *irrité* contre moi? En quoi vous ai-je *offensé?* — Une trève fut *conclu* entre le comte et ses sujets *révolté*. — Ces deux hommes se sont *plu* à faire des heureux. — Les poètes épiques se sont toujours *plu* à raconter des batailles. — Les grands génies se sont toujours *survécu*. — Les événements se sont succédé avec rapidité pendant les années 1848 et 1849.

CCCCIX.

Ces deux hommes se sont *plu* dès qu'ils se sont *connu*. - La calomnie s'est toujours *plu* à répandre son poison sur les vertus les plus pures. - Que de rois se sont *succédé* sur le trône de France. - Marie-Antoinette a *survécu* peu de temps à son vertueux époux. - Les premiers hommes se sont *suffi* à eux-mêmes pour tous les besoins de la vie. - Les pasteurs de l'Eglise se sont toujours *succédé* sans interruption depuis les Apôtres jusqu'à nous, et il en sera ainsi jusqu'à la fin des siècles. - L'homme, au moment de la mort, voudrait effacer de sa vie, les jours qu'il a *vécu* sans avoir *servi* Dieu. - Peu de rois sont *arrivé* à la connaissance parfaite de cette sagesse qui apprend à bien gouverner. - Les hommes qui ont le plus *vécu* ne sont pas ceux qui ont *compté* le plus d'années, mais ceux qui ont le mieux *usé* de celles que le Ciel leur a *départi*. - Rarement nous nous sommes *aperçu* de nos défauts, tandis que ceux des

autres ne nous ont presque jamais *échappé*. - Ces
gens-là ont été *trompé* dans leur attente. - Ils s'é-
taient *trompé* dans leurs calculs. - Elle s'est *coupé*
les cheveux et a *renoncé* au monde pour toujours.
- Votre mère s'est *coupé* en taillant une plume.

CCCCX.

De crimes en crimes ils étaient *parvenu* aux plus
hautes fonctions du gouvernement. — Que sont-ils
devenu maintenant? — Ils ont *disparu*. — Dieu les
a *jugé* et leur sort éternel est *décidé*. — C'est de la
Grèce que la poésie a *passé* en Italie. — Heureux les
princes qui n'ont *usé* de leur pouvoir que pour faire
du bien! — Le sang de plus de dix-huit millions de
martyrs a *coulé* par ruisseaux dans toutes les provinces de l'empire romain. — Adam et Ève, que
Dieu avait *créé* innocents auraient *vécu* heureux et
immortels, s'ils avaient *observé* fidèlement la loi du
Seigneur. — La France a *couru* les plus grands dangers pendant les années 1813, 1814 et 1815. — Les
soixante-douze années que Louis XIV a *régné* ont
été des plus glorieuses pour la France. — Les richesses que l'avare a *cherché* à acquérir, sont toujours
devenu pour lui une source de peines et de tour-
ments. — Les Romains ont bien *dégénéré* du courage de leurs ancêtres. —

Mèdes, Assyriens, vous êtes *disparu*,
Parthes, Carthaginois, Romains, vous n'êtes plus.

CCCCXI.

L'empire était *passé* aux Francs, et ce peuple bar-
bare avait *recueilli* l'héritage du peuple-roi. - Les
communes s'étaient tellement *multiplié* sous les deux

derniers règnes. qu'à peine existait-il au nord de la Loire une grande ville qui n'eût son association de bourgeois *appelé* tantôt commune, tantôt confrérie. - Sa bonne tante qui lui a *rendu* tous les services qu'elle a *pu*, n'en a *reçu* que des injures. - En guise de pompes à incendie on s'était *servi* de casseroles pour porter l'eau sur le toit ; et il en était *tombé* beaucoup plus sur l'escalier que sur la cheminée *incendié*. - Le sang des martyrs, les célestes accents de leurs prières ont *purifié* ce lieu d'horreur ; mon cœur *flétri* un moment, s'attendrit et se livre à l'enthousiasme qu'inspirent ces héros se *sacrifiant* avec transport et n'*éprouvant* au milieu de ces animaux féroces, d'autre crainte que celle d'échapper à leurs dents meurtrières. — La macreuse (1) descend souvent à plus de trente pieds de profondeur dans la mer, pour ramasser les coquillages dont elle se nourrit. Je ne l'ai jamais *vu* se repaître d'herbes, de grains ou de semences de plantes. La mer est son unique élément : elle vole aussi mal qu'elle marche. Je me suis *amusé* souvent à en considérer des troupes nombreuses dans la mer, et à les examiner avec une bonne lunette d'approche : je n'en ai jamais *vu* s'élever et parcourir au vol un espace *étendu*.

CCCCXII.

La même cause qui a *fait* périr tant d'autres oiseaux dans ma cour, a *donné* la mort à ma macreuse ; la peau molle et tendre de ses pieds était *blessé* sans cesse par les graviers qui y pénétraient ; des calus (2) se sont *formé* sous chaque jointure des articles (3) ; ils se sont ensuite *usé* au point que les

---

·(1) Macreuse, oiseau aquatique c'est-à-dire qui vit dans l'eau.

(2) Calus, prononcez l's, nœud des os fracturés.

(3) Article, jointure des os.

nerfs étaient *découvert* : elle n'osait plus ni marcher ni aller dans l'eau; chaque pas augmentait ses plaies; je l'ai *mis* dans mon jardin sur l'herbe, sous une cage; elle ne voulait pas y manger. Elle est *mort* dans ma cour peu de temps après. — Ces deux frères se sont *écrit* très-souvent, mais ils ne se sont jamais *vu*. — Cette personne s'est *rendu* malade en se *fatiguant* à l'excès. — As-tu trouvé les livres qu'ils ont *laissé* ici? — Les fleurs que vous avez *cueilli* ce matin sont déjà *fané*. — On ne nous a pas encore *envoyé* les échantillons que nous avons *demandé*. — Votre sœur s'est-elle *remis* au travail? — Vos parents se sont-ils *décidé* à vous mettre en pension?

CCCCXIII.

(Les participes passés impersonnels sont toujours invariables.)

La disette qu'il y a *eu* en Russie en 1833 a été fort grande. - Les froids qu'il a *fait* pendant l'hiver de 1709 ont *occasionné* bien des désastres. - Que de naufrages il est déjà *arrivé* sur la mer ! - La méchante Éléonore vit, sans que ses entrailles en fussent *ému*, ces deux orphelins *jeté* en prison, *séparé* l'un de l'autre et *abandonné* entre les mains de l'usurpateur. - Toulouse, où quelques restes d'arianisme s'étaient *conservé*, devint bientôt la métropole (1) de l'erreur. - Ce fut dans le septième siècle que les plumes furent *substitué* aux roseaux pour écrire. - Les vents qui ont *soufflé*, les chaleurs qu'il y a *eu*, la pluie qu'il a *fait* sont des effets de la bonté de Dieu. - La Fête-Dieu est la plus belle fête qu'il y ait jamais *eu*. - Il y est *arrivé* bien des événements depuis quinze jours.

(1) Métropole veut dire ici le siége principal.

- Mon corps, je crois, est trop faible pour supporter les impressions de cette *ravissant* nature; j'en suis *oppressé*. - A Florence nous avons *eu* un déluge tel, que j'ai *cru* que nous reverrions la fameuse inondation du premier novembre 1833, où les murs furent *renversé*, où des villages entiers furent *détruit*. - Les huguenots se sont *précipité* dans l'église et y ont *tué* un grand nombre des assistants.

CCCCXIV.

Les colonies anglaises de l'Amérique septentrionale, *accablé* d'impôts par l'Angleterre, s'étaient *réuni* pour se soustraire à la domination des Anglais. — Le règne de Louis XIV est un des règnes les plus glorieux qu'il y ait *eu* en France. — Que de livres il s'est déjà *imprimé* dans le monde depuis la découverte de cet art admirable de l'imprimerie (en 1457). — Les massacres qu'il y a eu en 1793, ont *épouvanté* tout le monde. — Après s'être *prosterné* et avoir *élevé* son âme au souverain Arbitre de la vie et de la mort, elle s'avança d'un pas ferme. — Les auteurs anciens nous ont *transmis* le récit de crimes *découvert* après avoir été longtemps *caché*. — Dans quel intérêt ces hommes s'étaient-ils *rendu* coupables de ce crime affreux? — Que de magnifiques églises gothiques il s'est *élevé* dans nos villes au moyen-âge! — Que de personnes se sont *repenti* de ne s'être pas *appliqué* sérieusement pendant leur jeunesse. — Il s'est *élevé* parmi eux de grandes contestations. — La disette qu'il y a eu dans quelques cantons s'est *fait* sentir jusqu'ici. — Ces messieurs se sont *fait* servir comme des princes. — Il n'y a pas longtemps que ma sœur s'est *fait* religieuse.

233

CCCCXV.

Peut-être devons-nous regretter ces temps d'une heureuse ignorance où nos aïeux vivaient pauvres et vertueux, et mouraient dans le champ qui les avait *vu* naître. — *Entraîné* par le torrent, le prince de Condé se trouva malgré lui hors de la route qu'il avait *résolu* de suivre. — Ne faites rien qui ne soit digne des maximes de vertu que vos parents et vos maîtres ont *tâché* de vous inspirer. — Cent ans d'oisiveté ne valent pas une heure qu'on a *su* bien employer. — Les preuves de la venue du Messie sont entre les mains des Juifs; mais ils ne les ont pas *voulu* reconnaître. — Les provisions que nous avons *demandé* qu'on nous apportât, ne sont pas encore *arrivé*. — Les grands hommes appartiennent moins au siècle qui les a *vu* naître et qui jouit de leur talents, qu'au siècle qui les a *formé*. — L'impiété que quelques méchants écrivains ont *affecté* de semer dans leurs ouvrages, est une des causes qui ont *concouru* à répandre l'irréligion. — Il ne faut jamais s'écarter de la bonne route que l'on a *commencé* à suivre. — L'imprimerie que la ville de Mayence a *vu* naître, a beaucoup *contribué* aux progrès que la civilisation a *fait* en Europe. — Pierre-le-Grand, czar de Russie, après avoir *vaincu* les Suédois sur terre, les a *vu* fuir devant sa marine victorieuse *composé* de la première flotte russe que la mer Baltique eût encore *vu* naviguer.

CCCCXVI.

Voyez les numéros 339, 340, 341 *de la grammaire.*

L'habitude que nous avons *contracté* de juger trop

232

promptement, nous a *fait* tomber souvent dans bien des erreurs. — On voit des hommes tomber d'une haute fortune par les mêmes défauts qui les y avaient *fait* arriver. — La solitude apaise les mouvements impétueux de l'âme que le désordre du monde a *fait* éclater. — Charles XII fâché de ce que les trois *cent* soldats avec lesquels il avait *soutenu* un siége contre une armée turque *tout* entière, s'étaient *laissé* prendre dans leurs retranchements, dit au pacha dont il était le prisonnier : « Ah ! s'ils s'étaient *défendu* comme ils l'auraient dû, on ne nous aurait pas *forcé* en dix jours... Hélas! dit le Turc, c'aurait été du courage bien mal *employé*. — Les serpents paraissent *privé* de tout moyen de se mouvoir et uniquement *destiné* à vivre sur la place où le hasard les a *fait* naître. — Le ridicule des femmes savantes par Molière n'est pas tout-à-fait *poussé* à bout, il y a dans ces femmes d'autres ridicules plus naturels que Molière a *laissé* échapper. — Quand Jugurtha eut *enfermé* une armée romaine et qu'il l'eût *laissé* aller sous la foi d'un traité, on se servit contre lui des troupes *même* qu'il avait *sauvé*.

CCCCXVII.

Cependant les ténèbres se sont *épaissi*, et peu à peu tout ce peuple s'est *retiré*. — Sur sept chrétiens, *parti* de la capitale, et *parvenu* sans obstacles à la douane la plus voisine de la Chine, trois seulement avaient *pu* la franchir ; les autres, objets de graves soupçons, *entouré* partout de soldats qui les accablaient de questions *pressant*, s'étaient *hâté* de regagner l'intérieur, *emmenant* les chevaux et *emportant* les habits qui devaient me servir. — Mon courrier nous avait *précédé*. — La terreur *causé* par la guerre précédente nous avait admirablement *préparé*

l les voies. — Sur notre chemin se trouvait une chré-
tienté *florissant* dont le catéchiste accourut à ma
rencontre, me *conjurant* de descendre un moment
au milieu de ses néophytes. — Il s'est *glissé* bien des
erreurs dans l'impression de cet ouvrage. — Vingt-
trois fidèles furent *arrêté*. — On a vu des bouvreuils
qui ayant été *forcé* de quitter leur premier maître se
sont *laissé* mourir de regret — Les passions que nous
avons *laissé* fomenter, finissent toujours par nous
subjuguer. — L'évêque Didier *rapportant* une somme
considérable que Théodebert avait *prêté* aux habitants de Verdun, ce monarque refusa de la reprendre : Nous sommes trop heureux, lui dit-il, vous de
m'avoir *procuré* l'occasion de faire du bien et moi
de ne l'avoir pas *laissé* s'échapper.

www.ingramcontent.com/pod-product-compliance
Lightning Source LLC
Chambersburg PA
CBHW061014280326
41935CB00009B/965